L'OPINION DU MONDE

DU MONDE

2 0 0 6

Les Éditions Transcontinental
1100, boul. René-Lévesque Ouest
24ᵉ étage
Montréal (Québec) H3B 4X9
Tél.: (514) 392-9000
1 800 361-5479
www.livres.transcontinental.ca

Pour connaître nos autres titres, tapez **www.livres.transcontinental.ca.**
Vous voulez bénéficier de nos tarifs spéciaux s'appliquant aux bibliothèques d'entreprise
ou aux achats en gros? Informez-vous au **1 866 800-2500.**

Distribution au Canada
Les Messageries ADP
2315, rue de la Province, Longueuil (Québec) J4G 1G4
Tél.: (450) 640-1234 ou 1 800 771-3022
adpcommercial@sogides.com

Catalogage avant publication de Bibliothèque et Archives Canada

Vedette principale au titre:
L'opinion du monde
Traduction de: Voice of the people.
ISBN-10: 2-89472-293-1
ISBN-13: 978-2-89472-293-0

1. Problèmes sociaux - Opinion publique. 2. Politique mondiale - 21ᵉ siècle - Opinion publique.
I. Léger Marketing.

HN18.3.V6414 2006   361.1   C2006-940107-1

Traduction: Danielle Charron, Lise Malo
Révision: Diane Grégoire
Correction: Françoise Côté
Mise en page et conception graphique de la page couverture: Studio Andrée Robillard

Ce livre a été publié originalement en anglais par Transcontinental Books sous le titre *Voice of the People 2006.*

Imprimé au Canada
© Les Éditions Transcontinental inc., 2006
Dépôt légal – 1ᵉʳ trimestre 2006
Bibliothèque nationale du Québec
Bibliothèque nationale du Canada

ISBN-10: 2-89472-293-1
ISBN-13: 978-2-89472-293-0

Nous reconnaissons, pour nos activités d'édition, l'aide financière du gouvernement du Canada, par
l'entremise du Programme d'aide au développement de l'industrie de l'édition (PADIÉ), ainsi que
celle du gouvernement du Québec (SODEC), par l'entremise du programme Aide à la promotion.

Leg**er**
MARKETING

L'OPINION DU MONDE

2006

Les Éditions
Transcontinental

AVANT-PROPOS

Plus de 5 000 intervieweurs ont interrogé 53 749 personnes partout sur la planète, depuis la savane africaine jusqu'à Londres et New York, en passant par les steppes russes, les montagnes du Pakistan, les îles de l'Indonésie, les Andes péruviennes et jusqu'au Grand Nord canadien, pour recueillir leur opinion sur les grands enjeux mondiaux et nationaux.

Léger Marketing et la prestigieuse Gallup International Association (GIA) ont relevé ce gigantesque défi pour réaliser ce document sur l'état de l'opinion publique mondiale. *L'opinion du monde 2006* exprime l'opinion publique sur la mondialisation, l'économie, la pauvreté, la démocratie, la religion, l'immigration, la santé et les enjeux politiques et sociaux.

Le sondage *Voice of the People 2005* a été mené dans 68 pays, selon les normes élevées de Léger Marketing (au Canada) et des membres de la GIA (dans les autres pays), gage de la qualité et de la fiabilité des données recueillies. La GIA a rigoureusement géré l'ensemble du processus tout en adaptant la méthodologie aux différences culturelles et aux réalités locales, comme l'illustrent les photos parfois étonnantes que nous retrouvons dans cette édition.

Ce sondage, c'est bien sûr des chiffres, mais c'est aussi et surtout l'expression de la vie des citoyens du monde à partir de leurs joies, de leurs peines et de leurs espoirs.

J'ai eu l'insigne honneur et le grand plaisir d'être accompagné dans ce projet par Tony Cowling, président du conseil de TNS et président de la Gallup International Association, par un extraordinaire groupe de chercheurs spécialisés – Mari Harris et Margit Cleveland en Afrique, Marita Carballo et Henk Foekema en Europe, Ijaz Shafi Gilani et Kevin Meyer en Asie, Constanza Cilley et Ricardo Hermelo en Amérique du Sud, de même que Serge Lafrance en Amérique du Nord – et par la soixantaine de sociétés membres de la GIA.

J'ai également pu compter sur le soutien administratif de mon infaillible adjointe à Montréal, Danielle St-Onge, et de la direction générale de Londres, notamment de la dynamique Meril James et de la consciencieuse Selina Ames.

Puisse ce livre éclairer tous ceux et celles qui sont à la recherche d'un monde meilleur.

Jean-Marc Léger
Mars 2006

TABLE DES MATIÈRES

TABLEAUX ET FIGURES

Chapitre 6

Chapitre 7

Chapitre 8

Chapitre 11

L'opinion du monde à l'ère démocratique

Tony Cowling

TNS et Gallup International Association, Royaume-Uni

L e mot «démocratie» vient du grec *dêmos* (peuple) et *kratos* (force, pouvoir). Il est défini dans le dictionnaire *Oxford* comme une «forme de gouvernement qui permet aux citoyens d'avoir leur mot à dire dans l'exercice du pouvoir», comme la «domination d'un groupe par la majorité de ses membres[1]».

Le sens du terme a évolué avec le temps, surtout depuis le XVIIe siècle, où il s'est transformé au gré de l'apparition d'une série de régimes prétendument démocratiques. Selon Freedom House[2], aucune démocratie libérale n'était dotée d'un système de suffrage universel en 1900, alors qu'aujourd'hui c'est le cas de 120 d'entre elles (environ 60 % des pays).

De nos jours, la plupart des leaders prétendent adhérer aux principes démocratiques. Il y a quelque 2 500 ans, dans la Cité antique, le plus haut magistrat était sans doute capable de gouverner en tenant compte de la «volonté» de ses citoyens, car il les côtoyait quotidiennement. Mais les dirigeants actuels ne peuvent plus être aussi près de la population : les choses vont trop vite, les sociétés sont trop étendues et les décisions à prendre sont trop nombreuses et complexes. Dès le début du XXe siècle, les chefs d'État n'ont plus guère eu de moyens de savoir ce que la majorité pensait, sans parler de ce qu'elle voulait. L'écart entre les dirigeants et la population s'était déjà tellement creusé qu'en 1922, Eamon De Valera, le président de l'Irlande (pourtant un petit pays) a rétorqué à ses critiques : «Quand je voulais savoir ce que pensaient les Irlandais, je n'avais qu'à examiner ma propre conscience. » Ce fut certainement une époque de gouvernement *sans* le peuple, à certains moments *pour* le peuple, et encore plus rarement un gouvernement *du* peuple.

Puis, vers la fin des années 30 et le début des années 40, est intervenu le docteur George H. Gallup. Il s'est mis à demander aux gens ce qu'ils pensaient, ce qu'ils croyaient et ce qu'ils savaient afin de comprendre ce qu'ils voulaient. Il a pu démontrer qu'en sondant des échantillons représentatifs d'une population donnée, on pouvait identifier ce que celle-ci pensait et rendre compte, de façon fiable, de ses opinions sur de nombreuses questions. À l'époque, c'était tout simplement révolutionnaire. Après toute une vie dédiée à analyser l'opinion des gens de partout dans le monde, le Dr Gallup a pu affirmer :

> *Le droit de discuter franchement les politiques de l'État et de la grande entreprise est l'une des libertés les plus ardemment défendues dans le monde occidental. Les sondages d'opinion publique de l'ère moderne contribuent à informer les gouvernements, les institutions publiques et privées et la population elle-même, de ce qu'elle pense d'importantes questions politiques, sociales et économiques.*

Cette conviction guide la Gallup International Association (GIA) et ses sociétés membres depuis presque 60 ans, et elle est d'autant plus pertinente que nous sommes maintenant en mesure d'exposer rapidement et fidèlement « l'opinion du monde ».

Depuis sa création en 1947, la GIA reflète le développement de la recherche sociale sur l'opinion publique, et ce, à l'échelle planétaire. Ses fondateurs souhaitaient étendre les connaissances du Dr Gallup au niveau international et convaincre les dirigeants du monde entier de l'importance de bien saisir l'opinion et les besoins des divers pays. Ils espéraient ainsi encourager la compréhension mutuelle et contribuer à la paix mondiale. On ne peut qu'admirer un objectif aussi louable, mais il ne faut pas oublier que l'étude de l'opinion publique n'est qu'un rouage dans cet immense engrenage qu'est la société !

La GIA mène des enquêtes dans pratiquement toutes les régions du globe grâce aux méthodes et aux compétences qu'elle a développées et à sa soixantaine de sociétés membres. De plus, la consigne «un pays, un membre» lui a permis d'acquérir une véritable connaissance des opinions tant sur le plan national que mondial.

Durant les années 50 et 60, l'idée de sonder l'opinion publique sur des questions politiques, sociales et économiques a fait son chemin. En même temps, on a accepté que les dirigeants politiques et les chefs d'entreprise puissent, dans une certaine mesure, se fier aux résultats de ce genre d'enquêtes. La GIA a entrepris de plus en plus de projets multinationaux et mondiaux, grâce auxquels on a pu avoir une idée de l'«opinion du monde» sur :

- des institutions telles que les Nations unies, l'OTAN et la Communauté économique européenne (dans les années 50);
- des questions d'intérêt plus général, telles que la santé, le bonheur et la famille (dans les années 70);
- des problèmes d'ordre mondial comme le sida, la corruption et les objectifs du Millénaire en matière de développement (dans les années 90).

À partir des années 60, les enquêteurs de la GIA ont été en mesure de recueillir de grandes quantités de données et de les examiner dans une perspective à long terme, mais les limites de la technologie leur imposaient un rythme de travail relativement lent. Pendant longtemps, ils n'ont pas été capables de réagir promptement aux événements majeurs. Les choses ont changé grâce au développement de l'informatique et d'Internet. Dorénavant, il est possible de sonder et de transmettre l'opinion du monde presque aussitôt qu'un événement majeur se produit. C'est ainsi que :

- deux semaines après la tragédie du 11 septembre, nous rapportions ce que les populations de 37 pays en savaient et en pensaient;
- pendant que les Nations unies en étaient encore à débattre de la possibilité de déclencher la guerre à l'Irak, nous avions déjà publié les résultats d'études montrant que la majorité des répondants de 40 pays désapprouvaient une telle intervention.

Nous entrons dans une ère où les leaders (politiques, industriels et sociaux) connaîtront l'opinion du monde quasiment en temps réel, pourront à nouveau dialoguer avec une majorité représentative des gens qu'ils gouvernent, et auront la possibilité d'orienter leurs actions en fonction de la volonté du peuple. Sauront-ils faire un usage judicieux de tout ce précieux savoir? La question se pose.

Dans le chapitre portant sur la démocratie, Ijaz Shafi Gilani note l'enthousiasme soulevé par l'avènement de la démocratie *à l'occidentale* (caractérisée entre autres par le suffrage universel et la publication de sondages d'opinions) dans de nombreux pays d'Afrique, d'Asie et d'Europe de l'Est, alors qu'il règne une espèce de désenchantement en Occident, où l'on en est à se demander si la démocratie peut se résumer à un vote à tous les quatre ou cinq ans. Il y a encore des pays, poursuit Gilani, où le suffrage universel, la base même de la démocratie, n'existe pas – pas plus que la capacité d'«informer les gouvernements, les institutions publiques et privées et la population elle-même, de ce qu'elle pense d'importantes questions politiques, sociales et économiques», pour reprendre les mots du Dr Gallup. La GIA et ses membres n'en continueront pas moins de promouvoir ces libertés fondamentales.

Les autres chapitres de cet ouvrage portent sur des sujets d'actualité tout aussi importants, notamment l'influence de la religion, les problèmes causés par l'immigration, la faim, la solidarité sociale, le leadership et le sida.

Le sondage *Voice of the People* est mené deux fois par année, en juillet et en décembre, auprès d'échantillons représentatifs de la population adulte dans près de 70 pays. Bien que les résultats puissent être étudiés dans une perspective nationale, ils sont pondérés de façon à représenter l'opinion mondiale. C'est en cela que la GIA fait figure de pionnière.

Grâce à ses sociétés membres, la GIA est en mesure d'étudier plus de pays et de travailler plus rapidement que toute autre maison de sondage du monde. Au fil des ans, cette collaboration lui a permis de développer des méthodes, un réseau et des compétences incomparables. Le sondage *Voice of the People* est mis à la disposition des gouvernements, des grandes entreprises, des organisations non gouvernementales et des organismes de bienfaisance afin qu'ils puissent prendre connaissance de l'«opinion du monde». Cet instrument arrive à point nommé, car en raison de la mondialisation, de nombreux dirigeants doivent prendre des décisions qui ont un impact à l'échelle internationale. Il leur incombe de comprendre les conditions et les besoins des populations qu'ils gouvernent. Il y va de l'intérêt des institutions qu'ils représentent.

Avec le sondage *Voice of the People,* nous poursuivons une longue tradition – celle qui donne aux peuples l'occasion de se prononcer sur des questions qui influencent le cours de leur existence. Notre dernière enquête représente les points de vue de plus de 1,3 milliard de personnes réparties dans 68 pays – de l'information essentielle pour les grands décideurs de ce monde. Mentionnons, à ce titre, que nos résultats sont régulièrement utilisés par les Nations unies, Transparency International[3], le Forum économique mondial et d'autres organismes internationaux d'importance.

Nous sommes fiers de notre histoire et enthousiastes de notre mission. D'ailleurs, un grand nombre de membres fondateurs de la GIA en font encore partie aujourd'hui. De plus en plus de leaders dans le monde reconnaissent notre travail et tiennent compte de l'opinion du monde.

Notes

1. NDT : En combinant les deux définitions du *Petit Robert,* nous obtenons à peu de choses près les deux niveaux de sens du dictionnaire *Oxford* : « État organisé suivant les principes de la démocratie, soit la doctrine politique d'après laquelle la souveraineté doit appartenir à l'ensemble des citoyens ; organisation politique dans laquelle les citoyens exercent cette souveraineté. »

2. NDT : Freedom House est un organisme indépendant non gouvernemental qui soutient le développement de la liberté dans le monde entier.

3. NDT : Organisme international non gouvernemental voué à la lutte contre la corruption.

À propos de l'auteur

Tony Cowling

TNS et Gallup International Association, Royaume-Uni

Tony Cowling est un membre fondateur de Taylor Nelson en 1965. Il a mis sur pied plusieurs de ses divisions ainsi que son service d'échantillonnage. Promu au rang de chef de la direction, il a veillé à la croissance organique de l'entreprise et piloté de nombreuses acquisitions, dont celle d'AGB UK en 1992, et la fusion avec Sofres en 1997. De 2000 à 2004, TNS a procédé à une vingtaine d'acquisitions. Sa récente fusion avec NFO en fait la troisième plus grande maison de sondage du monde, avec des bureaux dans 70 pays. M. Cowling est président du conseil de TNS.

Tony Cowling est également président de la Gallup International Association, il a été président du conseil de la branche britannique de l'Association of Market Survey Organisations (AMSO) et est membre de plusieurs organismes d'études de marché : ESOMAR, MRS et WAPOR. M. Cowling parle couramment anglais et français, et a des notions d'espagnol. En janvier 2001, il a été nommé « dirigeant de la décennie » par *Inside Research,* le principal bulletin d'information américain dans l'industrie de la recherche marketing et des sondages d'opinion.

CHAPITRE 1

Les défis internationaux : assurer la sécurité économique et physique

Serge Lafrance
Léger Marketing, Canada

Le bonheur de chacun est simplement fait du bonheur de tous.

– Émile Zola

L'évolution des technologies, les progrès en matière de télécommunications, le succès grandissant d'Internet et la conclusion de nombreuses ententes commerciales après la Seconde Guerre mondiale (1939-1945) ont favorisé la mondialisation des marchés. Autrefois restreints à une seule région, les problèmes s'internationalisent de plus en plus. Les répondants du sondage *Voice of the People 2005* jugent que la première priorité dans le monde est de réduire l'écart entre les riches et les pauvres (pour l'accès à l'eau, à la nourriture et au logement), ainsi que de limiter les guerres et de lutter contre le terrorisme. En d'autres termes, assurer la sécurité économique et physique pour tous.

L'écart entre riches et pauvres

Afin de combattre les problèmes mondiaux les plus criants, les Nations unies ont fixé en 2001 les objectifs du Millénaire pour le développement[1]. De façon générale, ces objectifs visent à équilibrer le niveau de vie de la population mondiale, un défi de taille compte tenu de la variation des conditions économiques d'un peuple à un autre. Par exemple, près de la moitié des habitants de l'Afrique subsaharienne (49 %) vit avec moins de un dollar par jour[2], une réalité que connaissent une infime minorité de Nord-Américains, d'Européens ou d'habitants de l'Asie centrale (5 % de la population). Et le fossé entre riches et pauvres se creuse de plus en plus.

La pauvreté entraîne de graves problèmes. En raison de leurs conditions de vie précaires, de nombreux habitants de l'Amérique latine, des Antilles, de l'Asie du Sud et de l'Afrique subsaharienne, ainsi que 28 % de la population des bidonvilles de l'est de la région Asie-Pacifique, souffrent de famine endémique et n'ont pas accès à de l'eau potable.

La pauvreté crée d'importantes inégalités :

- L'espérance de vie, qui atteint presque 80 ans pour les habitants des pays riches, n'est que de 46 ans pour la population de l'Afrique de l'Ouest.
- Le taux de mortalité infantile est de 0,5 % dans les pays riches, tandis qu'il s'élève à 8,1 % dans les pays pauvres.

Les résultats du sondage *Voice of the People 2005*, mené dans 68 pays répartis sur tous les continents, font état d'un consensus mondial sur le principal objectif à atteindre : réduire l'écart entre riches et pauvres. Aucun doute ne subsiste ; que l'on vive en Hollande, dans les Indes orientales, au Cameroun, au Canada ou au Brésil, on estime qu'à l'échelle mondiale, il faut d'abord et avant tout s'attaquer à la pauvreté afin d'assurer la sécurité économique pour tous.

La figure 1 montre l'importance que la population mondiale accorde aux plus graves problèmes de l'heure.

Figure 1

Les grands problèmes de l'heure – Résultats mondiaux

Q. Quel est, selon vous, le plus grand problème dans le monde, à l'heure actuelle ?

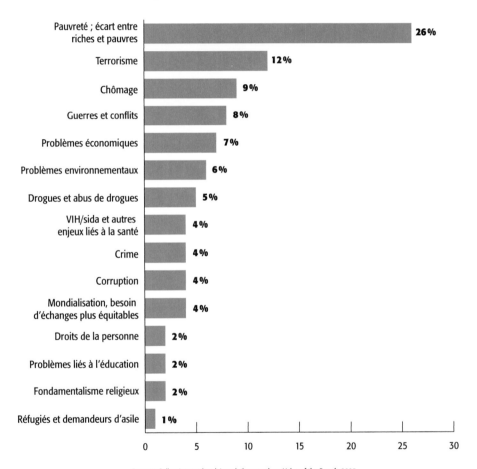

Source : Gallup International Association, sondage *Voice of the People 2005.*

La population mondiale estime donc que les plus graves problèmes de l'heure ont trait à la fois à la *sécurité économique* (écart entre riches et pauvres, 26 % ; chômage, 9 % ; problèmes économiques, 7 %) et à la *sécurité physique* (terrorisme, 12 % ; guerres et conflits, 8 %).

▬ La sécurité économique

Environ 2,5 milliards de personnes vivent dans les pays les plus défavorisés et touchent un revenu annuel moyen de 430 $ US. À l'autre bout de l'échelle, 800 millions de gens habitent dans les riches sociétés de ce monde et gagnent, en moyenne, 26 510 $ US par an. Entre les deux se trouvent 2,7 milliards de personnes qui vivent avec 1 860 $ US en moyenne par année. À eux seuls, les États-Unis accaparent 31 % du PIB mondial, bien qu'ils ne représentent que 5 % de la population mondiale.

Les habitants des pays en développement doivent constamment lutter pour s'assurer une sécurité économique de base. S'ils réussissent à toucher un salaire qui leur permet – tout juste – de subvenir à leurs besoins essentiels (nourriture et logement), ils ne peuvent jamais être assurés de compter sur ce revenu, car, selon les résultats du sondage *Voice of the People 2005*, ils sont aussi aux prises avec le chômage.

Seul le développement économique améliorera les conditions de vie de ces habitants, un objectif qui devrait être atteint à long terme grâce à des ententes commerciales internationales favorables aux pays pauvres. Entre-temps, toutefois, il y aurait lieu de resserrer la réglementation des salaires, car trop de travailleurs sont encore sous-payés. En Chine, par exemple, les ouvriers des ateliers clandestins touchent de 13 à 32 cents de l'heure[3], un salaire inimaginable aux États-Unis ou dans les pays développés de l'Europe de l'Ouest.

Derrière ces enjeux économiques se cachent d'autres problèmes. Selon de nombreux répondants d'Afrique et d'Amérique latine, il faudra éliminer la corruption dans les pays pauvres pour y favoriser le développement économique. Les répondants d'Amérique du Nord estiment, pour leur part, que la solution se trouve dans les échanges plus équitables. Il est temps d'établir un pont entre le Nord et le Sud afin de mieux répartir la richesse et d'équilibrer ainsi les conditions de vie des hommes et des femmes dans le monde.

■ La sécurité physique

Les répondants de toutes les régions du monde s'entendent pour dire que le terrorisme (12%) et les conflits et la guerre (8%) font partie des principaux problèmes mondiaux à régler. Bien entendu, les événements du 11 septembre 2001 expliquent en grande partie pourquoi les Américains sont plus nombreux que la moyenne mondiale (19%) à être préoccupés par le terrorisme.

De façon générale, on juge que les conflits armés qui ont cours actuellement dans le monde découlent de deux phénomènes: d'abord, la lutte que se livrent le Nord et le Sud, puis l'Est et l'Ouest, pour le contrôle du pétrole et des matières premières (eau, énergie, métaux précieux, etc.), ensuite, le nationalisme ethnique ainsi que le fanatisme religieux. Le tableau 1 indique où sévissent actuellement les guerres religieuses.

Tableau 1

Les pays où sévissent les guerres religieuses

Guerres civiles où la religion joue un rôle majeur	
Afghanistan	Chute des talibans (2002)
Algérie	Guerre civile entre le gouvernement et des groupes islamistes
Inde	Conflit entre le gouvernement et les musulmans (Ayodhya et Cachemire), et entre le gouvernement et les sikhs (Punjab)
Irlande du Nord	Guerre civile entre catholiques et protestants (1969-1998)
Israël	Guerre entre Israéliens et Palestiniens (1947-1993)
Liban	Guerre civile entre chrétiens maronites et musulmans (1975-1987)
Philippines	Guérilla séparatiste musulmane
Soudan	Conflit entre le Nord (musulmans) et le Sud (chrétiens et animistes)
Guerres civiles où la religion joue un rôle modéré	
Arménie, Azerbaïdjan	Guerre entre Arméniens (chrétiens) et Azéris (musulmans) (1988-1994)
Chine	Répression chinoise contre les bouddhistes tibétains
Ex-Yougoslavie	Guerre civile entre Serbes (orthodoxes), Croates (catholiques) et musulmans (1992-1995)
Sri Lanka	Guérilla pour l'indépendance des Tamouls hindouistes
Guerres civiles où la religion joue un rôle mineur	
Georgie	Guérilla abkhaze musulmane (1991-1993)
Irak	Répression des chiites
Russie-Tchétchénie	Guerre entre Russes et Tchétchènes musulmans pour l'indépendance de la Tchétchénie (1994-1997)
Sierra Leone, Liberia	Guerre civile entre musulmans et chrétiens
Tadjikistan	Guerre entre communistes et islamistes (1992-1997)
Timor oriental	Guérilla pour l'indépendance des Timorais chrétiens
Turquie, Irak	Guérilla pour l'indépendance des Kurdes
Yougoslavie	Nettoyage ethnique des Kosovars d'origine albanaise (musulmans)

Il est à noter que, indépendamment de leur religion, les répondants de ce sondage rejettent en bloc le terrorisme et considèrent que c'est l'un des plus importants problèmes mondiaux. À ce titre, les juifs (20%), les orthodoxes – de la Russie ou d'autres parties de l'Europe de l'Est – (16%) et, dans une moindre mesure, les musulmans (14%) se démarquent en ce qu'ils sont davantage préoccupés par le terrorisme que par le chômage et les problèmes économiques.

Tableau 2

Les grands problèmes de l'heure, par région

Q. Quel est, selon vous, le plus grand problème dans le monde, à l'heure actuelle?

	Échantillon total n=53 749 (%)	Europe de l'Ouest n=9 573 (%)	Europe de l'Est et centrale n=11 476 (%)	Afrique n=7 746 (%)	Amérique du Nord n=1 505 (%)	Amérique latine n=8 718 (%)	Moyen-Orient n=2 537 (%)	Asie-Pacifique n=11 151 (%)
Pauvreté: écart entre riches et pauvres	26	26	30	37	20	39	25	18
Terrorisme	12	14	16	3	18	7	15	9
Chômage	9	9	8	12	3	10	17	11
Guerres et conflits	8	9	8	4	9	5	10	10
Problèmes économiques	7	5	6	9	6	8	7	11
Problèmes environnementaux	6	6	5	0	4	1	2	13
Drogues et abus de drogues	5	5	5	1	8	5	3	4
Corruption	4	2	3	9	3	7	3	5
Criminalité	4	3	5	4	1	4	1	6
VIH/sida et autres problèmes de santé	4	3	5	12	3	2	1	2
Mondialisation/commerce mondial inéquitable	4	4	1	1	10	3	3	1
Droits de la personne	2	3	4	2	3	1	2	1
Problèmes liés à l'éducation	2	2	1	1	3	2	4	2
Fondamentalisme religieux	2	4	1	1	2	1	1	1
Réfugiés et demandeurs d'asile	1	2	0	0	1	0	0	1
Autres	1	2	1	1	2	1	1	1
Ne sait pas/Ne s'applique pas	2	2	1	3	2	1	4	4

Source: Gallup International Association, sondage *Voice of the People 2005.*

Note: Les pourcentages significatifs (secteurs particulièrement préoccupants – plus de 6%) sont en rouge.

Problèmes mondiaux, enjeux locaux

Bien que la sécurité physique et économique soit une priorité pour l'ensemble des répondants, d'autres problèmes se révèlent propres à certains pays ou certaines régions du monde. Comme l'indiquent le tableau 2 et la figure 2, l'environnement inquiète la population de la région Asie-Pacifique (13 %), et le sida, celle de l'Afrique (12 %). Le trafic de la drogue, une véritable industrie, est une réalité pénible pour l'Amérique du Nord, spécialement aux États-Unis (9 %), tandis que la corruption est un sujet épineux pour les Africains (9 %) et les Latino-Américains (7 %).

Figure 2

Les principales préoccupations dans les différentes régions du monde

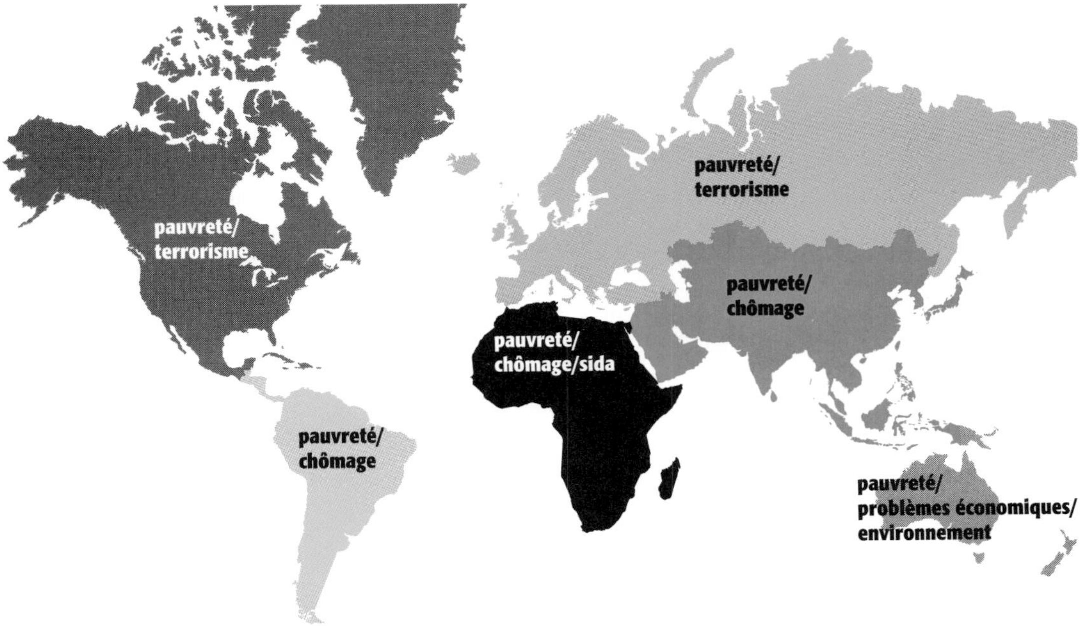

Source : Gallup International Association, sondage *Voice of the People 2005.*

Seuls de faibles pourcentages de répondants croient que les réfugiés, la montée du fondamentalisme, l'éducation, les droits de la personne ou la criminalité sont de graves problèmes.

Lorsqu'on examine les résultats à l'échelle nationale, on constate que certains problèmes, tels que le sida, les problèmes économiques et l'environnement, sont concentrés dans certaines régions (voir le tableau 3).

• Les habitants du Cameroun (23 %), du Kenya (18 %), de l'Afrique du Sud (25 %), du Sénégal (11 %), du Togo (25 %) et de l'Éthiopie (28 %) estiment qu'il est urgent de prendre des mesures contre le sida. À l'exception de ces Africains, seuls les Vietnamiens (27 %) placent le sida au rang des problèmes mondiaux prioritaires. Autrement dit, une bonne partie de la planète laisse l'Afrique noire se débrouiller avec *son* problème de santé publique majeur.

• Les problèmes économiques préoccupent particulièrement la région Asie-Pacifique (Hong-Kong, Indonésie, Indes orientales, Corée, Malaisie, Philippines, Singapour, Taiwan, Thaïlande). Et pour cause : les habitants de ce qu'on appelle les «pays en émergence» font actuellement les frais de profonds bouleversements économiques.

• Si la planète entière est aux prises avec des problèmes d'environnement, seuls certains pays pensent qu'ils sont prioritaires et représentent le défi de l'avenir. Mais chaque continent compte au moins un pays pour défendre la cause environnementale. Ainsi, la Grande-Bretagne (11 %) en Europe de l'Ouest, la République tchèque (14 %) et l'Ukraine (13 %) en Europe de l'Est et en Europe centrale, le Canada (10 %) en Amérique du Nord, et Hong-Kong (18 %), la Corée (20 %) et le Japon (22 %) en Asie-Pacifique sont d'avis que la préservation de l'environnement est un enjeu important dans le monde.

Tableau 3

Les grands problèmes de l'heure, par pays

Q. Quel est, selon vous, le plus grand problème dans le monde, à l'heure actuelle?

	Pauvreté, écart entre riches et pauvres (%)	Terrorisme (%)	Chômage (%)	Guerres et conflits (%)	Problèmes économiques (%)	Problèmes environnementaux (%)	Drogues et abus de drogues (%)	Mondialisation/échanges commerciaux plus équitables (%)	VIH/sida et autres problèmes de santé (%)	Criminalité (%)	Corruption (%)
MONDE	26	12	9	8	7	6	5	4	4	4	4
Europe de l'Ouest	26	14	9	9	5	6	5	4	3	3	2
Autriche	26	7	15	7	7	5	5	2	4	2	1
Danemark	26	11	3	8	1	8	2	3	7	3	2
Finlande	17	8	4	16	1	8	5	3	8	6	0
France	24	10	9	10	4	7	5	6	4	3	2
Allemagne	23	9	20	8	5	4	2	7	2	0	1
Grèce	14	1	28	3	23	3	7	5	3	2	4
Islande	27	17	1	12	1	2	11	2	4	2	2
Irlande	25	10	1	6	1	6	14	3	9	7	2
Italie	24	31	2	11	5	5	2	0	1	1	2
Pays-Bas	18	17	4	8	7	4	1	1	4	8	0
Norvège	39	11	1	4	0	10	1	4	6	3	0
Portugal	20	11	13	9	7	4	9	2	5	3	3
Espagne	42	19	5	8	3	2	5	3	3	4	1
Suisse	35	7	5	10	2	7	2	6	4	3	2
Royaume-Uni	24	9	1	7	3	11	10	3	5	6	2
Europe de l'Est et Europe centrale	30	16	8	8	6	5	5	1	5	5	3
Bosnie-Herzégovine	49	3	16	2	7	1	5	4	0	4	3
Bulgarie	29	24	6	11	5	4	4	1	2	2	2
Croatie	23	7	20	5	8	1	6	6	3	7	5
République tchèque	9	11	10	10	10	14	3	6	6	7	4
Kosovo	28	10	15	12	6	1	8	1	4	3	3
Lituanie	14	11	14	9	8	2	12	1	5	11	4
Macédoine	47	12	10	5	8	1	3	4	3	3	2
Moldavie	43	11	8	4	4	2	1	1	5	8	8
Pologne	40	15	11	7	7	3	2	2	2	4	1
Roumanie	57	8	2	8	7	2	1	2	4	1	4
Russie	27	20	7	8	6	3	6	1	5	6	3
Serbie	32	12	12	11	9	3	4	4	2	7	1
Ukraine	25	9	10	8	6	13	5	1	8	4	3

	Pauvreté, écart entre riches et pauvres (%)	Terrorisme (%)	Chômage (%)	Guerres et conflits (%)	Problèmes économiques (%)	Problèmes environnementaux (%)	Drogues et abus de drogues (%)	Mondialisation/échanges commerciaux plus équitables (%)	VIH/sida et autres problèmes de santé (%)	Criminalité (%)	Corruption (%)
Moyen-Orient	25	**15**	17	**10**	**7**	**2**	**3**	**3**	1	1	**3**
Israël	18	26	3	6	5	4	5	2	3	4	3
Turquie	26	14	18	11	7	2	3	3	1	1	3
Amérique du Nord	20	18	**3**	**9**	**6**	**4**	**8**	**10**	**3**	**1**	**3**
Canada	26	6	1	8	4	10	5	3	5	4	5
États-Unis	19	19	3	10	6	4	9	11	3	1	3
Amérique latine	39	7	10	**5**	**8**	**1**	**5**	**3**	**2**	**4**	**7**
Argentine	40	9	5	9	5	1	8	5	3	2	5
Bolivie	43	6	7	6	14	4	2	0	2	8	5
Colombie	32	19	12	11	4	0	4	2	1	1	7
Costa Rica	24	4	8	1	6	1	11	3	1	2	21
Équateur	39	6	8	3	8	2	3	1	6	2	14
Guatemala	28	10	6	4	7	1	4	2	9	18	7
Mexique	38	4	12	3	14	1	4	3	1	8	6
Nicaragua	52	2	16	0	4	1	4	2	1	2	12
Panama	48	3	13	4	2	2	2	3	4	1	12
Paraguay	50	4	13	2	5	1	3	2	1	1	10
Pérou	48	3	15	3	6	1	4	2	3	2	8
République dominicaine	37	4	6	1	5	0	13	2	7	4	12
Uruguay	47	3	6	7	3	3	6	5	2	1	5
Venezuela	54	4	9	2	2	0	4	4	3	5	6
Asie-Pacifique	18	9	**11**	**10**	**11**	13	**4**	**1**	**2**	**6**	**5**
Corée	31	6	6	7	17	20	1	1	2	1	2
Hong-Kong	28	6	7	7	13	18	3	2	5	1	1
Inde	9	12	34	0	14	1	1	1	3	6	14
Indonésie	20	6	8	3	34	1	3	2	1	2	6
Japon	13	11	4	19	4	22	1	0	1	8	1
Malaisie	7	15	3	11	15	4	8	2	5	14	5
Pakistan	21	16	20	6	6	3	2	1	2	3	5
Philippines	26	4	16	2	16	2	11	1	0	4	13
Singapour	11	35	8	3	11	5	1	2	4	1	4
Taiwan	11	3	7	5	13	11	16	1	5	12	7
Thaïlande	4	8	1	2	44	12	1	0	1	2	13
Vietnam	19	12	4	4	2	9	11	1	27	2	3
Afrique	37	**3**	12	**4**	**9**	**0**	**1**	**1**	12	**4**	**9**
Afrique du Sud	17	1	27	1	2	1	4	0	25	13	4
Cameroun	34	6	12	6	3	0	0	3	23	1	7
Éthiopie	35	8	3	7	4	4	-	7	28	-	4
Ghana	39	2	14	5	8	1	1	0	13	1	1
Kenya	45	3	8	3	9	0	1	0	18	3	5
Nigeria	39	3	12	4	12	0	0	0	7	4	13
Sénégal	34	4	5	5	3	1	3	5	11	0	1
Togo	32	6	14	7	3	3	0	2	25	0	3

Source : Gallup International Association, sondage *Voice of the People 2005*.

Note : Seules les données les plus importantes sont présentées. Les pourcentages significatifs sont en rouge.

- À l'échelle nationale, il est assez particulier de constater que ce sont les pays les moins développés qui sont les moins préoccupés par les questions environnementales, alors que les pays les plus développés, et particulièrement ceux du G8, sont les plus préoccupés.

- Par exemple, 70 % des répondants d'Amérique latine et 62 % de ceux d'Afrique croient que l'on exagère nettement les menaces à l'environnement tandis que 59 % des habitants des pays de l'Europe de l'Ouest et 60 % de ceux des pays du G8 sont en désaccord avec cette affirmation (voir le tableau 4).

Tableau 4

Les opinions sur les menaces à l'environnement, par région

Q : Êtes-vous en accord ou en désaccord avec l'affirmation suivante : « Les menaces à l'environnement sont nettement exagérées » ?

Région	En accord	En désaccord	Ne sait pas/ Ne s'applique pas
MONDE	**47 %**	**48 %**	**5 %**
Pays du G8	37 %	60 %	3 %
Amérique latine	70 %	26 %	4 %
Afrique	62 %	31 %	7 %
Asie-Pacifique	52 %	42 %	5 %
Amérique du Nord	48 %	51 %	2 %
Moyen-Orient	43 %	42 %	15 %
Europe de l'Ouest	38 %	59 %	2 %
Europe de l'Est	33 %	57 %	10 %

Pour un avenir meilleur

Peut-on espérer un jour réduire l'écart entre riches et pauvres, et assurer la sécurité physique et économique de l'ensemble de la population mondiale ? Chose certaine, la mondialisation a un effet mobilisateur, car c'est à l'unisson que les citoyens du monde s'indignent contre certaines décisions politiques. On n'a qu'à penser au mouvement en faveur de la protection de l'environnement ou aux diverses manifestations qui visent à éveiller la conscience humanitaire (pour éradiquer le sida, la malaria, etc.). Les dernières réunions du Sommet du G8 et le Sommet des Amériques de novembre 2005 (Argentine) ont été le théâtre de protestations parfois violentes où l'on scandait toujours le même message : il faut réduire l'écart économique entre riches et pauvres.

Les gouvernements ne sont pas les seuls au banc des accusés. Les grandes sociétés, qui exploitent les ouvriers des pays en développement (particulièrement les enfants) en leur versant des salaires de misère, font également l'objet de critiques virulentes.

Les technologies de télécommunications et Internet facilitent la mobilisation populaire, car ils permettent d'aplanir les différences entre les peuples. Qu'ils habitent au Québec, à Paris, à Amsterdam, à Hong-Kong ou à Rio de Janeiro, les jeunes partagent de plus en plus les mêmes préoccupations, ont les mêmes habitudes, se comportent de façon semblable.

Le sondage *Voice of the People 2005* démontre que les citoyens du monde ont les mêmes priorités : réduire l'écart entre riches et pauvres, et assurer la sécurité physique et économique de tous les habitants de la planète. Une telle cohésion ne peut être que prometteuse. Le nouveau pouvoir, c'est l'opinion du monde.

LES CANADIENS SONT DAVANTAGE PRÉOCCUPÉS PAR L'ENVIRONNEMENT

- Malgré leur niveau de vie supérieur, les Canadiens (32,3 millions d'habitants) croient, à l'instar du reste de la planète, que le problème le plus urgent de l'heure est *l'écart entre riches et pauvres* (26%). C'est donc dire qu'ils sont au courant des problèmes des autres régions du monde et qu'ils compatissent avec les populations moins privilégiées.

- En revanche, les Canadiens ne partagent pas les préoccupations des autres peuples pour le sous-emploi, le chômage et les problèmes économiques.

Tableau 5

Les problèmes qui constituent les priorités mondiales selon...

la population mondiale	
1. Écart entre riches et pauvres	26%
2. Terrorisme	12%
3. Chômage	9%
4. Guerres et conflits	8%
5. Problèmes économiques	7%
la population canadienne	
1. Écart entre riches et pauvres	26%
2. Problèmes environnementaux	10%
3. Guerres et conflits	8%
4. Terrorisme	6%
5. Drogues/sida	5%
la population québécoise	
1. Écart entre riches et pauvres	30%
2. Guerres et conflits	16%
3. Problèmes environnementaux	8%
4. Problèmes économiques	6%
5. Corruption	5%

Source: Gallup International Association, sondage *Voice of the People 2005.*

- Pour les Canadiens, l'environnement est le deuxième plus important problème d'ordre mondial (10 %), alors qu'il arrive seulement au sixième rang (6 %) des préoccupations de la population globale. C'est peut-être parce qu'ils vivent dans un pays où abondent les richesses naturelles que les Canadiens sont davantage sensibilisés à l'importance de protéger l'environnement.

- Si les ravages de la guerre et du terrorisme épargnent les Canadiens, ils n'en considèrent pas moins que c'est un poids accablant pour le reste du monde (8 %, guerres et conflits ; 6 %, terrorisme). L'imposante couverture médiatique des conflits et la proximité des États-Unis (pays victime des attaques du 11 septembre 2001) contribuent sans aucun doute à les sensibiliser chaque jour à ces problèmes.

- Enfin, sous l'angle social, les Canadiens estiment qu'à l'échelle mondiale les problèmes relatifs à la consommation de drogues et au sida (5 %) sont importants.

- Tout comme au Canada et dans le monde, la population du Québec considère que l'écart entre les riches et les pauvres (30 %) est l'enjeu mondial le plus important. Les conflits et les guerres (16 %) ainsi que l'environnement (8 %) sont également des enjeux prioritaires pour les Québécois.

Notes

1. Voici les objectifs du Millénaire tels qu'énoncés par les Nations unies : réduire l'extrême pauvreté et la faim ; assurer l'éducation primaire pour tous ; promouvoir l'égalité et l'autonomisation des femmes ; réduire la mortalité infantile ; améliorer la santé maternelle ; combattre le VIH/sida, le paludisme et d'autres maladies ; assurer un environnement durable ; mettre en place un partenariat mondial pour le développement.

2. En dollars US, comme tous les montants du présent ouvrage.

3. Kernaghan, Charles. *Behind the Label : « Made in China »,* Éd. Diane Pub Co., 1998. Rapport spécial préparé pour le National Labor Committee sur les manufactures chinoises qui produisent des articles d'exportation pour les États-Unis.

Bibliographie

Atlas géopolitique et culturel. Montréal, Éditions Le Robert, 2003.

BANQUE MONDIALE. *Mini-atlas du développement global,* Paris, Éditions Eska, 2004.

DE VARNEY, Marie. *Les matières premières,* Paris, Le Monde Éditions, 1995.

GRIMAL, Jean-Claude. *L'économie mondiale de la drogue,* Paris, Le Monde Éditions, 1993.

GRIMAL, Jean-Claude et Guy Herzlich. *La population du monde,* Paris, Le Monde Éditions, 1995.

KLEIN, Naomi. *No Logo,* Montréal, Leméac/Actes Sud, 2001, 2002.

LEROY, Pierre. *La faim dans le monde,* Paris, Le Monde Éditions, 1994.

L'État du monde 2005, Annuaire économique géopolitique mondial, Montréal, Éditions La découverte, Les Éditions du Boréal, 2004.

TEULON, Frédéric. *Chronologie de l'économie mondiale,* Paris, Éditions du Seuil, 1996.

À propos de l'auteur

Serge Lafrance
Léger Marketing, Canada
slafrance@legermarketing.com

Titulaire d'une scolarité doctorale en marketing (Université de Montpellier, France) et d'une maîtrise en marketing (Université de Sherbrooke, Canada), Serge Lafrance est vice-président au marketing (Canada–États-Unis) de Léger Marketing, la plus importante firme de recherche, sondages et conseils au Canada.

Au cours des 15 dernières années, M. Lafrance a agi à titre de conseiller auprès de nombreuses grandes sociétés, notamment dans les secteurs du commerce au détail, de la stratégie de la marque *(branding)* et en planification marketing. De plus, il a conçu le GRI (Global Reputation Index), un modèle performant de la gestion de la réputation d'entreprise, ainsi que le PSM (Price Sensitivity Measurement), un modèle visant à établir les politiques de prix des entreprises.

M. Lafrance a enseigné divers aspects du marketing – gestion, planification, politiques, processus de prise de décision, marketing international – dans le cadre de programmes universitaires (EMBA, MBA, MSc, BAA). Il a publié des articles, donné des conférences et dirigé des séminaires au Canada, aux États-Unis, au Chili, en France, en Hollande et en Afrique.

CHAPITRE 2

La démocratie : admiration pour le principe, désillusion pour la pratique

Ijaz Shafi Gilani
Gallup Pakistan

En ce début de XXIe siècle, les peuples de toutes les régions, religions et classes sociales vouent une admiration sans précédent à la démocratie, du moins en tant que principe. Mais un sérieux doute plane quant à la concrétisation de la promesse démocratique, à savoir qu'il est possible d'avoir des dirigeants qui gouvernent selon la volonté de la population, et ce, surtout dans les pays depuis longtemps démocratisés. Comme le constate le sondage *Voice of the People 2005*, près de 80 % des répondants considèrent la démocratie comme le meilleur système politique, mais à peine 30 % d'entre eux se croient vraiment gouvernés selon la volonté populaire. Néanmoins, pour une forte majorité de gens de différentes confessions – chrétiens, musulmans, juifs, bouddhistes, hindous –, la démocratie demeure le meilleur système politique.

Pour brosser un portrait de l'évolution des opinions auxquelles souscrivent les habitants de la planète en matière de démocratie, nous proposons deux indices. Le premier, l'indice de qualité de la démocratie Gallup International Association (IQDGIA), permet de mesurer les opinions relatives au principe de la démocratie et de plus, il enregistre les mouvements d'opinion d'année en année et les analyse selon les régions, les confessions et les classes. Le second, l'indice de désillusion par rapport à la démocratie (IDD), permet de mesurer, d'année en année, l'ampleur du désenchantement de la population par rapport à ce régime. La méthodologie est présentée plus loin. Nous souhaitons que ces deux indices puissent enrichir le discours sur la démocratie et approfondir notre connaissance de celle-ci.

Le contexte

La démocratie compte parmi les principes qui rallient le plus largement nos sociétés contemporaines et constitue le système politique auquel croit la majorité des gens. Selon le sondage *Voice of the People 2005,* près de 80% des répondants, hommes et femmes, considèrent que la démocratie est la meilleure forme de gouvernement. La majorité des gens de cultures et de confessions variées (chrétiens, musulmans, juifs, hindous et bouddhistes), des deux sexes, de tous les groupes d'âge et de tous les niveaux de scolarité et de revenu, disent admirer la démocratie. Pourtant, celle-ci se définit et s'interprète différemment selon les groupes : elle peut être libérale, populaire, socialiste, asiatique, etc.

Les théoriciens ne s'entendent pas tous sur les facteurs explicatifs du fonctionnement démocratique. Est-ce la source de l'autorité, le but poursuivi ou les processus conduisant à la formation d'un gouvernement ? Ainsi, dira-t-on d'une communauté politique qu'elle est démocratique si son autorité lui vient du peuple, si son but est de servir le peuple ou si la formation et le fonctionnement du gouvernement respectent des processus largement reconnus comme étant démocratiques ?

Plusieurs études montrent que c'est le respect de processus démocratiques qui confère à une communauté politique son caractère démocratique. Il s'agit de la version *empirique* de la démocratie, par opposition à la version *normative,* laquelle met plutôt l'accent sur la source de l'autorité ou le but du gouvernement. Le respect des processus se mesure avec beaucoup plus de clarté et de précision.

Le débat entourant la démocratie a ceci de curieux qu'il tient rarement compte de l'opinion des gens, ceux qui sont au cœur même du débat. Les gens sont non seulement la source de l'autorité, mais aussi les bénéficiaires de la démocratie ainsi que les juges ultimes du respect des processus démocratiques dans la formation d'un gouvernement. Dès lors, on peut soutenir qu'il reviendrait à la population de déterminer si son gouvernement est démocratique ou non. Un gouvernement serait ainsi jugé plus ou moins démocratique selon que son personnage central, le peuple, estime que son gouvernement se plie à la volonté populaire.

La démonstration suivante nous amène à une position plus raisonnable. Si la définition de la démocratie qui s'appuie sur les seules opinions de la population est discutable, celle qui évacue les opinions du « personnage central » de la démocratie et de ses utilisateurs finaux est incomplète. Par exemple, l'évaluation de la démocratie ou des libertés politiques que réalise annuellement l'organisme américain Freedom House constitue un indicateur valable mais insuffisant, puisqu'il repose essentiellement sur le jugement des observateurs – les experts – sans prendre suffisamment en compte l'opinion des acteurs eux-mêmes – la population.

L'exercice auquel nous nous livrons ici consiste à trouver la pièce manquante dans les indicateurs actuels de la démocratie et des libertés politiques. Pour ce faire, nous proposons une méthode en vue d'évaluer l'opinion des citoyens d'une communauté politique, puis de comparer les opinions qui ont cours dans différentes sociétés démocratiques. Il s'agit en quelque sorte d'une mesure de la valeur démocratique, que nous avons baptisée « indice de qualité de la démocratie Gallup International Association » (IQDGIA). Cet indice ne cherche pas à remplacer le classement des libertés politiques de Freedom House, mais à l'enrichir en apportant une nouvelle dimension à la compréhension de ce phénomène complexe qu'est la démocratie. L'indice de Freedom House rend compte du jugement d'experts, tandis que l'indice de Gallup International Association repose sur l'opinion des gens et, à ce titre, devrait compléter le tableau en y ajoutant la pièce manquante.

Selon notre analyse préliminaire, nous devrions nous attendre à un écart important entre les résultats de Freedom House et ceux de Gallup International Association, écart qui devrait fournir matière à réflexion dans un débat créatif et instructif.

Il se pourrait que des pays qui vivent depuis longtemps en régime démocratique – tenue d'élections et respect d'autres processus de la démocratie – obtiennent un faible classement quant à l'indice de qualité de la démocratie, et vice versa. Par exemple, les citoyens de ces pays auraient des attentes élevées, auxquelles la pratique ne répond pas, tandis que des démocraties naissantes (ou des pays non démocratisés) auraient des attentes très faibles, que toute percée démocratique rudimentaire ou même partielle réussirait à combler.

En somme, l'IQDGIA se veut un complément intéressant à l'évaluation de la performance d'une collectivité politique dans le domaine très complexe de la gouvernance démocratique. Dans la prochaine section, nous présenterons les résultats d'un sondage mondial réalisé en 2005, dont les questions propres à la démocratie portaient sur :

- la démocratie en tant que principe ou système de gouvernement ;
- le respect des processus démocratiques, plus particulièrement des élections libres et justes ;
- le résultat souhaité de la démocratie, à savoir « gouverner selon la volonté de la population ».

Pour chacune, nous fournirons les données mondiales, les variations régionales par continent et des données statistiques portant sur les pays échantillonnés.

Dans la dernière partie du chapitre, nous présenterons deux indices, l'un visant à mesurer la qualité de la démocratie, et l'autre, la désillusion par rapport à la démocratie.

Les opinions du monde sur la démocratie en 2005

- Les opinions sur le principe de la démocratie
- Les opinions sur les processus démocratiques
- Les opinions sur le résultat de la démocratie

■ L'admiration pour le principe démocratique

Les répondants de la planète se sont prononcés, à 79 %, en faveur de l'énoncé suivant : « La démocratie a sans doute ses défauts, mais elle demeure le meilleur système de gouvernement. » On peut donc affirmer que la démocratie est le principe politique le plus répandu, auquel le plus grand nombre adhère en ce début de XXIe siècle (voir la figure 1).

Figure 1

L'opinion mondiale sur la démocratie comme forme de gouvernement

Q. La démocratie a sans doute des défauts, mais elle demeure le meilleur système de gouvernement.

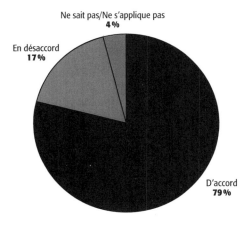

Ne sait pas/Ne s'applique pas
4 %

En désaccord
17 %

D'accord
79 %

Source: Gallup International Association, sondage *Voice of the People 2005.*

La plupart des répondants de sociétés, de cultures et de pays dont les opinions diffèrent largement sur d'autres questions reconnaissent que la démocratie est le meilleur système de gouvernement. Ainsi, 89 % des protestants, 86 % des bouddhistes, 80 % des catholiques, 79 % des juifs, 75 % des musulmans et 69 % des hindous ont en commun un sentiment d'admiration pour la démocratie. Le résultat le plus faible appartient aux chrétiens orthodoxes, mais même dans ce groupe, une majorité de 67 % estime que la démocratie est le meilleur régime politique. En fait, il y aurait lieu de se demander pourquoi environ 20 % des répondants et jusqu'au tiers dans certains groupes (par exemple, les chrétiens orthodoxes) ne partagent *pas* cette admiration pour la démocratie. Mais d'abord, analysons l'opinion selon les diverses régions du globe.

Les variations régionales

Dans toutes les régions du monde sauf une, au moins 7 répondants sur 10 sont d'avis que la démocratie est le meilleur système de gouvernement (voir le tableau 1). L'exception vient d'Europe de l'Est et d'Europe centrale, où le résultat dépasse tout juste les deux tiers (68 %). C'est en Amérique du Nord (87 %), en Afrique (87 %) et en Europe de l'Ouest (82 %) que les résultats sont les plus élevés.

Il n'est guère étonnant de constater que l'énoncé reçoit son appui le plus élevé au Danemark (93 %), en Norvège (93 %) et en Islande (93 %), les bastions de la démocratie nordique. En revanche, on s'explique mal les résultats élevés du Ghana (93 %) et de l'Éthiopie (93 %), tant que l'on ne sait pas que ces deux pays africains ont tenu d'importantes élections récemment, le Ghana en décembre 2004 et l'Éthiopie en mai 2005, juste avant le début des interviews de l'enquête.

Mais en Europe de l'Est et en Europe centrale, seulement les deux tiers des répondants (68 %), contre 79 % à l'échelle mondiale, jugent que la démocratie est le meilleur système gouvernemental. C'est en Bulgarie (60 %), en Lituanie (60 %), en Serbie (61 %) et en Russie (62 %) que les résultats sont les plus faibles.

On relève aussi des écarts en Amérique latine, mais les trois quarts (74 %) des répondants s'entendent pour dire que la démocratie est le meilleur système de gouvernement. Au Pérou, par contre, seulement 6 répondants sur 10 (60 %) se disent d'accord avec l'énoncé.

Aux États-Unis, l'appui à la démocratie est élevé (87 %) et en hausse par rapport à 2004 (81 %). Le Royaume-Uni (81 %) s'aligne sur la moyenne de l'Europe de l'Ouest (82 %), qui est supérieure au résultat mondial (79 %).

Tableau 1

L'opinion mondiale sur la démocratie comme forme de gouvernement

Q. La démocratie a sans doute des défauts, mais elle demeure le meilleur système de gouvernement.

	D'accord	En désaccord	Ne sait pas/ Ne s'applique pas
MONDE	79 %	17 %	4 %
Europe de l'Ouest	82 %	14 %	4 %
Allemagne	79 %	20 %	1 %
Autriche	79 %	10 %	12 %
Danemark	93 %	6 %	1 %
Espagne	85 %	12 %	3 %
Finlande	84 %	7 %	10 %
France	79 %	13 %	8 %
Grèce	92 %	8 %	0 %
Irlande	84 %	14 %	2 %
Islande	93 %	3 %	5 %
Italie	82 %	14 %	4 %
Norvège	93 %	5 %	2 %
Pays-Bas	82 %	8 %	10 %
Portugal	84 %	9 %	6 %
Royaume-Uni	81 %	15 %	4 %
Suisse	89 %	9 %	2 %
Europe de l'Est et centrale	68 %	23 %	9 %
Bosnie-Herzégovine	74 %	23 %	3 %
Bulgarie	60 %	23 %	17 %
Croatie	68 %	26 %	5 %
Kosovo	85 %	5 %	10 %
Lituanie	60 %	25 %	15 %
Macédoine	69 %	21 %	10 %
Moldavie	75 %	16 %	9 %
Pologne	84 %	10 %	6 %
République tchèque	80 %	13 %	7 %
Roumanie	80 %	7 %	13 %
Russie	62 %	31 %	7 %
Serbie	61 %	28 %	11 %
Ukraine	65 %	19 %	16 %
Moyen-Orient*	78 %	13 %	9 %
Israël	84 %	15 %	2 %
Turquie	77 %	13 %	10 %
Amérique du Nord	87 %	11 %	1 %
Canada	85 %	12 %	3 %
États-Unis	87 %	11 %	1 %

	D'accord	En désaccord	Ne sait pas/ Ne s'applique pas
Amérique latine	74 %	23 %	3 %
Argentine	83 %	14 %	3 %
Bolivie	72 %	27 %	1 %
Colombie	80 %	18 %	2 %
Costa Rica	84 %	13 %	2 %
Équateur	76 %	21 %	4 %
Guatemala	64 %	35 %	2 %
Mexique	68 %	29 %	3 %
Nicaragua	73 %	25 %	2 %
Panama	77 %	21 %	2 %
Paraguay	82 %	16 %	2 %
Pérou	60 %	35 %	5 %
République dominicaine	76 %	21 %	2 %
Uruguay	92 %	6 %	1 %
Venezuela	87 %	12 %	1 %
Asie-Pacifique	77 %	19 %	4 %
Corée	69 %	27 %	4 %
Hong-Kong	73 %	25 %	2 %
Inde	69 %	30 %	1 %
Indonésie	90 %	8 %	2 %
Japon	86 %	11 %	3 %
Malaisie	80 %	12 %	8 %
Pakistan	67 %	16 %	17 %
Philippines	70 %	29 %	0 %
Taiwan	72 %	23 %	5 %
Thaïlande	87 %	10 %	2 %
Afrique	87 %	10 %	3 %
Afrique du Sud	85 %	12 %	3 %
Cameroun	85 %	11 %	4 %
Éthiopie	93 %	5 %	2 %
Ghana	93 %	5 %	1 %
Kenya	82 %	9 %	9 %
Nigeria	88 %	11 %	0 %
Sénégal	77 %	10 %	12 %
Togo	86 %	9 %	5 %

Source : Gallup International Association, sondage *Voice of the People 2005.*

* Le Moyen-Orient ne comprend qu'Israël et la Turquie.

▬ Le scepticisme à l'égard du processus démocratique

Quant au respect des exigences de la démocratie et à la tenue d'élections libres et justes, les opinions mondiales divergent considérablement. Seulement 47 % de la population interviewée dans les 68 pays ayant participé à l'enquête croit que les élections tenues dans son pays sont libres et justes (voir la figure 2). Une proportion semblable (48 %) croit le contraire et exprime un profond scepticisme quant à la tenue d'élections libres et justes.

Figure 2

Les opinions sur la tenue d'élections libres et justes

Q. Avez-vous le sentiment que les élections dans votre pays sont libres et justes ?

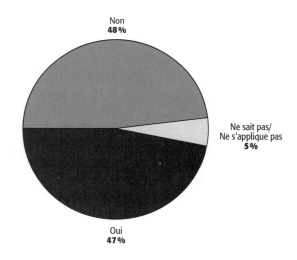

Non
48 %

Ne sait pas/
Ne s'applique pas
5 %

Oui
47 %

Source : Gallup International Association, sondage *Voice of the People 2005.*

Les variations régionales

S'il y a une réelle admiration pour le principe démocratique, on note aussi un scepticisme considérable quant au respect des pratiques essentielles à la démocratie.

Chose intéressante, le scepticisme mentionné à l'égard des élections libres et justes ne se limite pas aux nouvelles démocraties et aux pays en développement. Par exemple, aux États-Unis, près de la moitié de l'électorat (44 %) est d'avis que les élections ne sont *pas* libres et justes. Mais les États-Unis font figure d'exception[1] puisque ce sont surtout les pays en développement et les jeunes démocraties qui se montrent sceptiques, et non les pays d'Europe de l'Ouest et d'autres démocraties bien établies. Par exemple, seulement 10 % des Danois, 13 % des Finlandais et 12 % des Portugais remettent en doute la tenue d'élections libres et justes, contre 89 % des Nigérians, 67 % des Indiens et 74 % des Russes. Le tableau 2 montre bien les tendances à l'œuvre dans les pays participants, regroupés par région.

Examinons plus en détail les positions divergentes sur le succès de la démocratie, plus particulièrement sur la question d'élections libres et justes, dans les différentes régions du monde.

Dans les pays d'Europe de l'Ouest, les moins sceptiques, 67 % des répondants croient que leurs élections sont généralement libres et justes. En Amérique du Nord (États-Unis et Canada), le pourcentage est nettement inférieur, soit 55 %[2]. Au Moyen-Orient, les deux seuls pays participant au sondage, la Turquie et Israël, affichent un résultat équivalent (55 %). Comme on peut sans doute s'y attendre, les répondants d'Europe de l'Est, d'Europe centrale, d'Amérique latine, de la région Asie-Pacifique et de l'Afrique sont moins nombreux à croire en la tenue d'élections libres et justes (entre 33 % et 40 %), comme le montre le tableau 2.

Tableau 2

Les opinions sur la tenue d'élections libres et justes, par région et par pays

Q. Avez-vous le sentiment que les élections dans votre pays sont libres et justes?

	Oui	Non	Ne sait pas/ Ne s'applique pas
MONDE	47%	48%	5%
Europe de l'Ouest	67%	30%	4%
Allemagne	73%	25%	2%
Autriche	66%	14%	20%
Danemark	90%	10%	1%
Espagne	64%	31%	5%
Finlande	79%	13%	8%
France	69%	25%	6%
Grèce	63%	37%	1%
Irlande	73%	23%	3%
Islande	73%	23%	4%
Italie	46%	52%	2%
Norvège	76%	18%	6%
Pays-Bas	75%	17%	7%
Portugal	81%	12%	6%
Royaume-Uni	70%	28%	2%
Suisse	79%	17%	4%
Europe de l'Est et centrale	33%	58%	9%
Bosnie-Herzégovine	28%	68%	4%
Bulgarie	31%	43%	26%
Croatie	41%	55%	5%
Kosovo	74%	16%	10%
Lituanie	33%	58%	9%
Macédoine	26%	67%	7%
Moldavie	43%	49%	8%
Pologne	44%	39%	16%
République tchèque	63%	26%	10%
Roumanie	63%	18%	19%
Russie	22%	74%	4%
Serbie	31%	50%	19%
Ukraine	34%	54%	12%
Moyen Orient*	55%	35%	9%
Israël	65%	35%	
Turquie	54%	35%	10%
Amérique du Nord	55%	43%	2%
Canada	66%	31%	3%
États-Unis	54%	44%	2%

	Oui	Non	Ne sait pas/ Ne s'applique pas
Amérique latine	34%	61%	4%
Argentine	47%	44%	9%
Bolivie	16%	80%	4%
Colombie	36%	61%	4%
Costa Rica	52%	43%	5%
Équateur	37%	56%	7%
Guatemala	53%	44%	3%
Mexique	23%	74%	2%
Nicaragua	31%	68%	1%
Panama	63%	34%	2%
Paraguay	24%	71%	5%
Pérou	28%	68%	4%
République dominicaine	58%	40%	2%
Uruguay	83%	12%	5%
Venezuela	54%	42%	4%
Asie-Pacifique	40%	55%	5%
Corée	49%	43%	8%
Hong-Kong	49%	46%	5%
Inde	32%	67%	1%
Indonésie	73%	25%	2%
Japon	46%	53%	1%
Malaisie	76%	16%	8%
Pakistan	21%	50%	29%
Philippines	19%	80%	1%
Singapour	69%	18%	13%
Taiwan	45%	51%	4%
Thaïlande	49%	47%	4%
Afrique	34%	59%	7%
Afrique du Sud	57%	11%	33%
Cameroun	31%	61%	8%
Éthiopie	22%	64%	14%
Ghana	67%	27%	6%
Kenya	63%	27%	10%
Nigeria	9%	89%	3%
Sénégal	76%	19%	5%
Togo	21%	63%	16%

Source : Gallup International Association, sondage *Voice of the People 2005*.

* Le Moyen-Orient ne comprend qu'Israël et la Turquie.

Les résultats montrent des différences notables selon l'âge, le revenu et la religion. Cependant, un examen plus minutieux révèle que ces différences sont principalement attribuables à des particularités régionales. Par exemple, les répondants âgés de plus de 50 ans sont plus nombreux à dire que les élections dans leur pays sont libres et justes. Mais la corrélation avec l'âge est trompeuse, car en Europe de l'Ouest et en Amérique du Nord, la proportion de personnes âgées au sein de la population est nettement plus élevée qu'ailleurs, tout comme la proportion de répondants disant que les élections dans leur pays sont libres et justes. La même logique explique les résultats plus élevés chez les répondants ayant un revenu élevé et chez les protestants.

Tableau 3

Les opinions sur la tenue d'élections libres et justes, par groupe d'âge

Q. Avez-vous le sentiment que les élections dans votre pays sont libres et justes ?

	Moins de 30 ans	De 30 à 50 ans	De 51 à 65 ans	Plus de 65 ans
Oui	43 %	45 %	50 %	56 %
Non	51 %	49 %	45 %	39 %
Ne sait pas/Ne s'applique pas	6 %	6 %	4 %	5 %

Source : Gallup International Association, sondage *Voice of the People 2005.*

■ La désillusion à l'égard de la démocratie

La troisième question examinée dans le présent chapitre a dégagé des résultats inattendus, qui devraient sérieusement inquiéter ceux qui se préoccupent de l'avenir de la démocratie. Ainsi, bien que 79 % de la population interviewée admire le système démocratique et que 47 % estime que les élections dans leur pays sont libres et justes, seulement 30 % croit que la démocratie livre la marchandise, à savoir qu'il est possible d'avoir un gouvernement selon la volonté de la population (voir la figure 3).

Cet écart considérable entre le principe et la pratique de la démocratie est sans doute l'un des plus grands enjeux actuels de la démocratie.

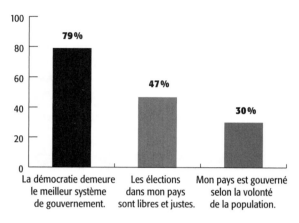

Figure 3

La comparaison des réponses aux 3 questions portant sur la démocratie

Source: Gallup International Association, sondage *Voice of the People 2005.*

En réponse à la question : «Diriez-vous que votre pays est gouverné selon la volonté du population?», seulement 30% des répondants du monde ont répondu «oui», tandis que 65% ont répondu «non». Nous avons relevé des variations régionales mais, curieusement, il n'y a pas que les jeunes démocraties qui se montrent sceptiques par rapport à cette question.

Les variations régionales

L'énoncé «Mon pays est gouverné selon la volonté de la population» ne recueille nulle part au monde plus de 40% des voix. L'Amérique du Nord vient en tête (États-Unis et Canada), avec 37%, tandis que l'Europe de l'Est et l'Europe centrale ferment la marche, avec 22% (voir le tableau 4).

Tableau 4

L'opinion mondiale à propos d'un gouvernement qui dirige selon la volonté de la population

Q. Diriez-vous que votre pays est gouverné selon la volonté de la population ?

	Oui	Non	Ne sait pas/ Ne s'applique pas
MONDE	30 %	65 %	5 %
Europe de l'Ouest	31 %	65 %	3 %
Allemagne	18 %	81 %	1 %
Autriche	38 %	41 %	21 %
Danemark	57 %	40 %	3 %
Espagne	62 %	35 %	3 %
Finlande	42 %	43 %	15 %
France	26 %	71 %	3 %
Grèce	35 %	64 %	1 %
Irlande	42 %	55 %	3 %
Islande	43 %	47 %	10 %
Italie	28 %	72 %	1 %
Norvège	54 %	40 %	6 %
Pays-Bas	15 %	75 %	10 %
Portugal	40 %	53 %	6 %
Royaume-Uni	30 %	66 %	4 %
Suisse	55 %	41 %	4 %
Europe de l'Est et centrale	22 %	71 %	7 %
Bosnie-Herzégovine	13 %	85 %	2 %
Bulgarie	15 %	71 %	14 %
Croatie	15 %	83 %	2 %
Kosovo	46 %	44 %	10 %
Lituanie	23 %	67 %	10 %
Macédoine	11 %	86 %	4 %
Moldavie	31 %	58 %	10 %
Pologne	17 %	71 %	12 %
République tchèque	34 %	54 %	12 %
Roumanie	45 %	37 %	18 %
Russie	18 %	80 %	2 %
Serbie	20 %	69 %	11 %
Ukraine	26 %	61 %	12 %
Moyen-Orient*	36 %	55 %	9 %
Israël	49 %	50 %	1 %
Turquie	35 %	56 %	9 %
Amérique du Nord	37 %	60 %	3 %
Canada	36 %	60 %	4 %
États-Unis	37 %	60 %	3 %

	Oui	Non	Ne sait pas/ Ne s'applique pas
Amérique latine	28 %	69 %	3 %
Argentine	33 %	59 %	8 %
Bolivie	25 %	72 %	4 %
Colombie	30 %	67 %	3 %
Costa Rica	25 %	72 %	3 %
Équateur	44 %	52 %	4 %
Guatemala	43 %	55 %	2 %
Mexique	20 %	79 %	1 %
Nicaragua	18 %	81 %	1 %
Panama	24 %	75 %	2 %
Paraguay	23 %	74 %	3 %
Pérou	25 %	73 %	2 %
République dominicaine	50 %	48 %	2 %
Uruguay	54 %	39 %	7 %
Venezuela	50 %	48 %	2 %
Asie-Pacifique	29 %	65 %	6 %
Corée	13 %	79 %	7 %
Hong-Kong	46 %	48 %	5 %
Inde	22 %	77 %	1 %
Indonésie	38 %	59 %	3 %
Japon	29 %	69 %	2 %
Malaisie	71 %	19 %	10 %
Pakistan	25 %	42 %	33 %
Philippines	29 %	71 %	1 %
Singapour	47 %	38 %	14 %
Taiwan	43 %	49 %	8 %
Thaïlande	37 %	56 %	7 %
Afrique	34 %	61 %	5 %
Afrique du Sud	53 %	19 %	27 %
Cameroun	33 %	60 %	6 %
Éthiopie	19 %	70 %	11 %
Ghana	69 %	28 %	3 %
Kenya	38 %	51 %	10 %
Nigeria	18 %	82 %	0 %
Sénégal	59 %	34 %	7 %
Togo	23 %	66 %	12 %

Source : Gallup International Association, sondage *Voice of the People 2005*.
* Le Moyen-Orient ne comprend qu'Israël et la Turquie.

Quant à l'Europe de l'Ouest, le résultat total est proche de la moyenne mondiale (31 %), mais les divergences sont considérables. Ainsi, dans les pays scandinaves, les résultats sont élevés : 57 % au Danemark et 54 % en Norvège. Nous obtenons aussi des proportions élevées en Espagne (62 %), au Portugal (40 %) et en Islande (43 %). En revanche, chez les Français et les Britanniques, les pourcentages sont étonnamment faibles, à 26 % et 30 % respectivement. Enfin, en Allemagne et aux Pays-Bas, ils sont alarmants : chez les Allemands, 18 % des répondants estiment être gouvernés selon la volonté de la population, et chez les Néerlandais, ce n'est que 15 %, soit la proportion la plus faible de toute l'Europe occidentale.

Pourtant, dans la plupart de ces pays, la grande majorité reconnaît que les élections sont libres et justes. Pour expliquer cet écart – résultat élevé au sujet de la tenue d'élections libres et justes et résultat faible à propos d'un gouvernement selon la volonté de la population –, nous avançons l'hypothèse suivante : bon nombre de démocraties à maturité vivent une profonde désillusion quant à la capacité des régimes démocratiques de gouverner selon la volonté populaire.

Néanmoins, la démocratie demeure le meilleur régime politique. Nous reviendrons sur cette question un peu plus loin. À l'instar de l'Europe de l'Ouest, d'autres régions affichent d'importantes variations. Le sentiment de désillusion à l'égard de la démocratie est assez prononcé en Europe de l'Est et en Europe centrale ainsi qu'en Amérique latine. Toutefois, des exceptions au sein de chaque région autorisent un certain optimisme. Il semble que bon nombre de pays, dans les débuts d'un régime démocratique ou d'une lutte pour la démocratie, fondent beaucoup d'espoir sur le «gouvernement selon la volonté de la population», mais deviennent pessimistes lorsqu'ils constatent que la réalité n'est pas à la hauteur des attentes.

L'indice transnational et temporel de l'état de la démocratie

Dans la section précédente, nous avons exposé les résultats des principaux indicateurs de la démocratie, mesurés dans l'édition 2005 du sondage. Dans cette section-ci, nous présenterons deux indices permettant de cerner l'opinion des pays sur l'état de la démocratie et de suivre les mouvements de l'opinion d'année en année, grâce à une série chronologique montrant l'évolution des opinions par rapport à la démocratie. En d'autres mots, nous proposerons des indices de *mesure transnationale et temporelle*, puis nous assignerons des valeurs à chaque pays pour l'année 2005.

■ L'indice de qualité de la démocratie

La méthodologie

Nous avons conçu un indice simple mais révélateur de l'état de la démocratie à partir de la moyenne des opinions émises au sujet des processus de la démocratie (opinion des citoyens quant à la tenue d'élections libres et justes dans leur pays) et du résultat souhaité de la démocratie (le gouvernement selon la volonté du peuple). Cet indice constitue une mesure plutôt solide de la position d'une société par rapport à la valeur de son régime en fonction de ces deux indicateurs, soit le respect du processus électoral démocratique (élections libres et justes) et le résultat de la démocratie (gouvernement selon la volonté du peuple). La moyenne des deux donne l'indice de qualité de la démocratie.

Pour normaliser les résultats, nous avons utilisé une échelle en 7 points avec intervalles égaux. Celle-ci nous permet de comparer nos résultats avec ceux de l'échelle des libertés politiques de Freedom House, qui comporte également une échelle en 7 valeurs, où 1 correspond à la liberté la plus grande et 7 à la plus faible. Donc, selon notre indice, nous attribuons la valeur 1 aux pays qui se situent dans la première tranche (le 1/7 supérieur) des résultats obtenus pour une année donnée, et la valeur 7 aux pays qui se situent dans la dernière tranche (le 1/7 inférieur), les autres pays se répartissant entre les deux.

Les résultats de 2005

Comme le montre le tableau 5, la moyenne mondiale se situe actuellement à 4 (sur une échelle de 1 à 7, de la liberté la plus grande à la plus faible). L'Europe de l'Ouest vient en tête, avec un résultat de 3, suivie de l'Amérique du Nord et du Moyen-Orient (Turquie et Israël), avec un résultat de 4. Les autres régions présentent des résultats plus faibles, soit 5 pour la région Asie-Pacifique, l'Amérique latine et l'Afrique, et 6 pour l'Europe de l'Est et l'Europe centrale. À l'échelle des pays, le Danemark et la Suisse dominent au sein des démocraties à maturité, avec un résultat de 1. Outre ces deux pays, on observe des résultats notablement élevés sur chaque continent, qui méritent qu'on s'y arrête. Il s'agit de la Malaisie en Asie, de l'Uruguay en Amérique latine, du Ghana et du Sénégal en Afrique, qui obtiennent tous un résultat de 1.

Deux pays européens seulement, le Danemark et la Suisse, comme nous l'avons mentionné, se situent dans la tranche supérieure. Aucun pays d'Europe de l'Est ou d'Amérique du Nord n'obtient un tel résultat. Le tableau 5 compare les résultats de notre indice avec ceux de l'indice des libertés politiques de Freedom House. Nous espérons que la comparaison s'avérera instructive et qu'elle favorisera une meilleure connaissance du phénomène de la démocratie et des libertés politiques.

Bien que la prudence s'impose dans toute constatation tirée de la comparaison de deux indices, nous notons toutefois que les tendances générales sont semblables, les opinions du public semblent rejoindre l'évaluation «expert» de Freedom House. Les citoyens de plusieurs pays, comme les États-Unis, se montrent plus critiques envers la démocratie que Freedom House. En revanche, Freedom House se montre *plus* critique que la population des pays suivants: Suisse, Guatemala, Malaisie, Singapour, Cameroun, Ghana et Sénégal.

▰ L'indice de désillusion par rapport à la démocratie

La méthodologie

Nous mesurons la désillusion par rapport à la démocratie en faisant la différence entre les opinions sur les processus démocratiques (élections libres et justes) et les opinions sur le résultat de la démocratie (gouvernement selon la volonté du peuple).

Tableau 5

L'indice de qualité de la démocratie Gallup International Association (IQDGIA)
Résultats de 2005

	% de la population reconnaissant		Résultat (moyenne de 1 et 2)	Classement – Indice de qualité de la démocratie de GIA	(À des fins de comparaison) Classement – Indice des libertés politiques de FH
	La tenue d'élections libres et justes[1]	Le gouvernement selon la volonté de la population[2]			
MONDE	**47 %**	**30 %**	**39**	**4**	
Europe de l'Ouest	**67 %**	**31 %**	**49**	**3**	
Allemagne	73 %	18 %	45	4	1
Autriche	66 %	38 %	52	3	1
Danemark	90 %	57 %	74	1	1
Espagne	64 %	62 %	63	2	1
Finlande	79 %	42 %	60	2	1
France	69 %	26 %	47	4	1
Grèce	63 %	35 %	49	3	1
Irlande	73 %	42 %	58	2	1
Islande	73 %	43 %	58	2	1
Italie	46 %	28 %	37	5	1
Norvège	76 %	54 %	65	2	1
Pays-Bas	75 %	15 %	45	4	1
Portugal	81 %	40 %	61	2	1
Royaume-Uni	70 %	30 %	50	3	1
Suisse	79 %	55 %	67	1	7
Europe de l'Est et Europe centrale	**33 %**	**22 %**	**28**	**6**	
Bosnie-Herzégovine	28 %	13 %	21	7	4
Bulgarie	31 %	15 %	23	6	1
Croatie	41 %	15 %	28	6	2
Kosovo	74 %	46 %	60	2	
Lituanie	33 %	23 %	28	6	2
Macédoine	26 %	11 %	18	7	3
Moldavie	43 %	31 %	37	5	3
Pologne	44 %	17 %	31	5	1
République tchèque	63 %	34 %	49	3	1
Roumanie	63 %	45 %	54	3	3
Russie	22 %	18 %	20	7	6
Serbie	31 %	20 %	25	6	3
Ukraine	34 %	26 %	30	6	4
Moyen-Orient*	**55 %**	**36 %**	**46**	**4**	
Israël	65 %	49 %	57	3	1
Turquie	54 %	35 %	45	4	3
Amérique du Nord	**55 %**	**37 %**	**46**	**4**	
Canada	66 %	36 %	51	3	1
États-Unis	54 %	37 %	45	4	1

	% de la population reconnaissant		Résultat (moyenne de 1 et 2)	Classement – Indice de qualité de la démocratie de GIA	(À des fins de comparaison) Classement – Indice des libertés politiques de FH
	La tenue d'élections libres et justes[1]	Le gouvernement selon la volonté de la population[2]			
Amérique latine	**34 %**	**28 %**	**31**	**5**	
Argentine	47 %	33 %	40	4	2
Bolivie	16 %	25 %	20	7	3
Colombie	36 %	30 %	33	5	4
Costa Rica	52 %	25 %	39	4	1
Équateur	37 %	44 %	41	4	3
Guatemala	53 %	43 %	48	3	4
Mexique	23 %	20 %	22	6	2
Nicaragua	31 %	18 %	25	6	3
Panama	63 %	24 %	43	4	1
Paraguay	24 %	23 %	24	6	3
Pérou	28 %	25 %	27	6	2
République dominicaine	58 %	50 %	54	3	2
Uruguay	83 %	54 %	69	1	1
Venezuela	54 %	50 %	52	3	3
Asie-Pacifique	**40 %**	**29 %**	**35**	**5**	
Corée	49 %	13 %	31	5	-
Hong-Kong	49 %	46 %	48	3	-
Inde	32 %	22 %	27	6	2
Indonésie	73 %	38 %	55		3
Japon	46 %	29 %	37	5	1
Malaisie	76 %	71 %	73	1	4
Pakistan	21 %	25 %	23	6	6
Philippines	19 %	29 %	24	6	2
Singapour	69 %	47 %	58	2	5
Taiwan	45 %	43 %	44	4	2
Thaïlande	49 %	37 %	43	4	2
Afrique	**34 %**	**34 %**	**34**	**5**	
Afrique du Sud	57 %	53 %	55	3	2
Cameroun	31 %	33 %	32	5	6
Éthiopie	22 %	19 %	20	7	5
Ghana	67 %	69 %	68	1	2
Kenya	63 %	38 %	51	3	3
Nigeria	9 %	18 %	13	7	3
Sénégal	76 %	59 %	67	1	6
Togo	21 %	23 %	22	6	6

Source : Gallup International Association, sondage *Voice of the People 2005.*

* Le Moyen-Orient ne comprend qu'Israël et la Turquie.

Comme dans l'indice précédent, nous utilisons une échelle en 7 points, à intervalles égaux, où 1 correspond à la désillusion la plus grande et 7 à la plus faible. Donc, ici encore, nous attribuons la valeur 1 aux pays qui se situent dans la première tranche (le 1/7 supérieur) des résultats obtenus pour une année donnée, et la valeur 7 aux pays qui se situent dans la dernière tranche (le 1/7 inférieur), les autres pays se répartissant entre les deux.

Dans cette échelle, toutefois, un pays affichera un résultat négatif si le nombre de personnes disant qu'elles sont gouvernées selon la volonté de la population est *supérieur* au nombre de personnes croyant que leurs élections sont libres et justes. Pour les besoins de l'exercice, ces pays sont exclus du classement et mentionnés séparément.

Les résultats de 2005

Les résultats de 2005 révèlent que la désillusion mondiale par rapport à la démocratie est plutôt faible, se situant à 6 sur une échelle de 1 à 7 (de la plus grande à la plus faible), comme on le voit au tableau 6. Et, bizarrement, c'est en Europe de l'Ouest que les gens sont les plus désillusionnés. En fait, on obtient des résultats de 6 et 7 dans toutes les régions du monde, à l'exception d'un 3 en Europe de l'Ouest, où la divergence d'opinions sur la tenue d'élections libres et justes (67 %) et le gouvernement selon la volonté de la population (31 %) est la plus marquée. On constate les écarts les plus importants aux Pays-Bas (écart de 60 %), en Allemagne (écart de 54 %), en France (écart de 43 %) et au Portugal (écart de 41 %).

À l'inverse, l'écart est négatif dans plusieurs pays africains, où les gens croient davantage à un gouvernement selon la volonté du peuple qu'à la tenue d'élections libres et justes. C'est le cas du Nigeria (-9 %), du Cameroun (-2 %), du Ghana (-2 %) et du Togo (-2 %), ainsi que des Philippines (-10 %), de la Bolivie (-9 %) et de l'Équateur (-7). En outre, les Africains (34 %) sont plus nombreux que les Européens de l'Ouest (31 %) à croire que leur pays est gouverné selon la volonté de la population. Qui peut donner une leçon de démocratie ?

Tableau 6

L'indice de désillusion par rapport à la démocratie (IDD)
Résultats de 2005

	% de la population reconnaissant		Résultat de la désillusion à l'égard de la démocratie (différence entre 1 et 2)	Indice de désillusion par rapport à la démocratie (GIA)
	La tenue d'élections libres et justes[1]	Le gouvernement selon la volonté de la population[2]		
MONDE	**47 %**	**30 %**	**17**	**6**
Europe de l'Ouest	**67 %**	**31 %**	**36**	**3**
Allemagne	73 %	18 %	54	1
Autriche	66 %	38 %	28	4
Danemark	90 %	57 %	32	4
Espagne	64 %	62 %	2	7
Finlande	79 %	42 %	37	3
France	69 %	26 %	43	3
Grèce	63 %	35 %	28	4
Irlande	73 %	42 %	31	4
Islande	73 %	43 %	30	4
Italie	46 %	28 %	18	6
Norvège	76 %	54 %	22	5
Pays-Bas	75 %	15 %	60	1
Portugal	81 %	40 %	41	3
Royaume-Uni	70 %	30 %	39	3
Suisse	79 %	55 %	24	5
Europe de l'Est et Europe centrale	**33 %**	**22 %**	**11**	**6**
Bosnie-Herzégovine	28 %	13 %	15	6
Bulgarie	31 %	15 %	16	6
Croatie	41 %	15 %	26	5
Kosovo	74 %	46 %	28	4
Lituanie	33 %	23 %	10	6
Macédoine	26 %	11 %	15	6
Moldavie	43 %	31 %	11	6
Pologne	44 %	17 %	27	4
République tchèque	63 %	34 %	29	4
Roumanie	63 %	45 %	18	6
Russie	22 %	18 %	4	7
Serbie	31 %	20 %	11	6
Ukraine	34 %	26 %	8	7
Moyen-Orient*	**55 %**	**36 %**	**19**	**6**
Israël	65 %	49 %	16	6
Turquie	54 %	35 %	20	5
Amérique du Nord	**55 %**	**37 %**	**18**	**6**
Canada	66 %	36 %	30	4
États-Unis	54 %	37 %	16	6

	% de la population reconnaissant			
	La tenue d'élections libres et justes[1]	Le gouvernement selon la volonté de la population[2]	Résultat de la désillusion à l'égard de la démocratie (différence entre 1 et 2)	Indice de désillusion par rapport à la démocratie (GIA)
Amérique latine	**34 %**	**28 %**	**5**	**7**
Argentine	47 %	33 %	14	6
Bolivie	16 %	25 %	−9	−
Colombie	36 %	30 %	5	7
Costa Rica	52 %	25 %	27	4
Équateur	37 %	44 %	−7	−
Guatemala	53 %	43 %	10	6
Mexique	23 %	20 %	3	7
Nicaragua	31 %	18 %	12	6
Panama	63 %	24 %	40	3
Paraguay	24 %	23 %	1	7
Pérou	28 %	25 %	3	7
République dominicaine	58 %	50 %	8	7
Uruguay	83 %	54 %	29	4
Venezuela	54 %	50 %	4	7
Asie-Pacifique	**40 %**	**29 %**	**11**	**6**
Corée	49 %	13 %	36	3
Hong-Kong	49 %	46 %	2	7
Inde	32 %	22 %	10	6
Indonésie	73 %	38 %	35	4
Japon	46 %	29 %	17	6
Malaisie	76 %	71 %	5	7
Pakistan	21 %	25 %	−4	−
Philippines	19 %	29 %	−10	−
Singapour	69 %	47 %	22	5
Taiwan	45 %	43 %	3	7
Thaïlande	49 %	37 %	12	6
Afrique	**34 %**	**34 %**	**0**	**7**
Afrique du Sud	57 %	53 %	3	7
Cameroun	31 %	33 %	−2	−
Éthiopie	22 %	19 %	3	7
Ghana	67 %	69 %	−2	−
Kenya	63 %	38 %	25	5
Nigeria	9 %	18 %	−9	−
Sénégal	76 %	59 %	17	6
Togo	21 %	23 %	−2	−

Source : Gallup International Association, sondage *Voice of the People 2005.*

* Le Moyen-Orient ne comprend qu'Israël et la Turquie.

Note : Le résultat des pays suivants est négatif : Bolivie (-9), Équateur (-7), Pakistan (-4), Philippines (-10), Cameroun (-2), Ghana (-2), Nigeria (-9) et Togo (-2).

Conclusion

L'écart entre l'impossible réalisation de l'objectif démocratique (un gouvernement selon la volonté de la population) malgré la présence de processus démocratiques (la tenue d'élections libres et justes) reflète le degré de désillusion ressentie à l'égard de la démocratie. Un grand écart signifie que les répondants du pays croient, d'une part, que les élections sont libres et justes et, d'autre part, que le pays n'est pas gouverné selon la volonté populaire.

Nos données montrent que la désillusion à l'égard de la démocratie est caractéristique des sociétés qui vivent depuis longtemps dans un régime démocratique, où la complexification graduelle des structures de l'État a donné lieu à un processus décisionnel technocratique, au détriment des décisions politiquement négociées.

Depuis quelques années, des décisions touchant des aspects très importants de la vie des citoyens sont désormais prises par des institutions gérées à l'échelle mondiale et non plus nationale. Et comme la démocratie s'arrête encore aux frontières nationales, la mondialisation et le rôle de nouvelles institutions internationales, y compris les entreprises mondiales, semblent avoir amoindri le sentiment de participation des citoyens des démocraties à maturité, qui jouaient jadis un rôle plus important dans l'orientation de leur propre destinée. C'est la raison pour laquelle le sentiment de désillusion y est plus fort que dans les pays où l'envahissement local et étranger, avant même la mondialisation croissante des interactions économiques et sociales, limitait la participation des citoyens au processus décisionnel.

De nombreux auteurs se sont penchés sur la «crise de la démocratie», dont les disciples de l'école principalement représentée par Jürgen Habermas. Toutefois, nous ne disposons encore d'aucune donnée à l'échelle mondiale. Dès lors, l'indice de qualité de la démocratie Gallup International Association (IQDGIA) et l'indice de la désillusion par rapport à la démocratie (IDD) peuvent apporter une précieuse contribution à l'analyse de la question.

LE CANADA : UN PAYS PLUS DÉMOCRATIQUE QUE LA MOYENNE

- Le régime démocratique a connu des ratés, certes, mais une forte majorité de Canadiens (85 %) considèrent encore qu'il s'agit du meilleur régime politique du monde. Ce résultat est légèrement supérieur à la moyenne mondiale (79 %).

- De l'avis de 66 % des Canadiens, les élections au pays sont libres et justes. À l'échelle mondiale, 47 % des répondants reconnaissent que leurs élections sont libres et justes, et aux États-Unis, cette proportion s'établit à 54 %. Le faible résultat de nos voisins paraît étonnant, mais s'explique peut-être par le fort scepticisme qui règne dans des pays depuis longtemps démocratisés (par opposition aux pays qui sont passés à la démocratie plus récemment et dont les citoyens sont portés à être plus idéalistes). Le Canada semble être l'exception à la règle.

Figure 4

Les opinions sur la démocratie, les élections et le gouvernement

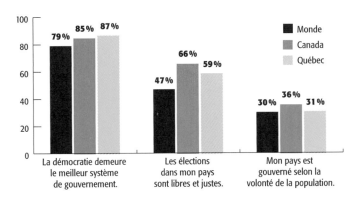

Source : Gallup International Association, sondage *Voice of the People 2005.*

- Seulement 36 % des Canadiens pensent que le pays est gouverné selon la volonté de la population ; à l'échelle mondiale, cette proportion est de 30 %.

- Le Canada, une démocratie parlementaire, obtient une valeur de 3 sur l'indice de qualité de la démocratie de la GIA (sur une échelle de 1 à 7, où 1 signifie « très démocratique » et 7 « aucunement démocratique »). La moyenne mondiale est de 4.

- Aux yeux des Québécois, le régime démocratique est le meilleur système politique au monde (87 %).

Notes

1. Tout comme l'opinion publique sur la démocratie a pu être influencée au Ghana et en Éthiopie par les élections récentes tenues dans ces pays, l'opinion publique américaine relativement à la tenue d'élections libres et justes a pu être influencée par les allégations d'irrégularités dans les élections américaines de 2000 et, dans une moindre mesure, dans celles de 2004.

2. Le résultat du Canada est beaucoup plus élevé, à 66 % (du même ordre que celui de l'Europe de l'Ouest), mais une fois groupé avec celui des États-Unis, la moyenne chute en raison de la forte population américaine.

À propos de l'auteur

Ijaz Shafi Gilani
Gallup Pakistan
gilani@gallup.com.pk

Ijaz Shafi Gilani est l'actuel président de Gallup Pakistan, la filiale pakistanaise de Gallup International Association. Il représente également son pays au sein de l'Association européenne pour les études d'opinion et de marketing (ESOMAR). Titulaire d'un Ph. D. en sciences politiques du Massachusetts Institute of Technology (MIT), il a enseigné dans plusieurs universités au Pakistan et à l'étranger. M. Gilani, fellow de l'Institut pakistanais de développement économique, a été président de la Société pakistanaise de marketing.

CHAPITRE 3

L'écart grandissant entre les sociétés religieuses et laïques

Marita Carballo
TNS Global, Argentine

Bien qu'un phénomène de laïcisation s'observe au sein de nombreuses sociétés riches et développées, une multitude de données indiquent que le monde dans son ensemble n'est pas moins religieux.

Les résultats du sondage *Voice of the People 2005* et du sondage du Millénaire (2000), également mené par la GIA, devraient nous permettre de jeter un peu de lumière sur cette question.

L'écart entre société religieuse et société laïque se creuse, entraînant d'importantes répercussions sur la politique internationale. De plus en plus, la religion occupe une place déterminante et significative dans le nouvel ordre mondial.

La religion et la laïcisation

La théorie de la laïcisation a dominé l'étude des religions tout au long du XXe siècle. D'abord élaborée par saint Simon, Auguste Comte, Émile Durkheim et Max Weber, elle s'articule aujourd'hui autour de quatre concepts : la disparition, le déclin, la privatisation et la transformation de la religion. Malgré l'apparente solidité de cette thèse, le dernier quart du XXe siècle a produit une abondance de signes qui tendent à la renverser. Jusqu'à maintenant, les preuves à l'appui du renouveau du sentiment religieux sont surtout concentrées en Amérique du Nord, mais on en retrouve de plus en plus partout dans le monde.

Le développement économique propre à l'industrialisation a encouragé non seulement la modernisation mais la laïcisation de la société. Or, selon Inglehart et Baker (2000), cette thèse marxiste est trop simpliste. Les chercheurs estiment en fait que les croyances religieuses ont la vie dure. Ils avancent même qu'une crise économique (comme celle de la Russie) peut freiner la modernisation et favoriser le retour aux valeurs traditionnelles.

Les tenants de ce nouveau paradigme ne nient pas la puissance du phénomène de laïcisation, mais soutiennent que la théorie de la laïcisation ne réussit pas à expliquer de façon satisfaisante ce qui se passe dans le monde moderne.

Selon Inglehart et Norris (2004), qui ont examiné la religion dans une perspective plus globale, le sentiment religieux persiste davantage au sein des populations vulnérables, particulièrement celles des pays pauvres et en faillite, qui craignent constamment pour leur survie. Lorsqu'il est en situation de danger physique, social et personnel, l'être humain a tendance à se tourner vers la religion. Inversement chez les classes les plus prospères des pays riches, on assiste à une érosion systématique des pratiques, des valeurs et des croyances religieuses.

Bien que le phénomène de laïcisation s'observe pratiquement partout en Europe de l'Ouest, il ne touche pas autant les États-Unis. Selon le sociologue américain Peter Berger, il existe de nos jours un mouvement antilaïcisation très important dont il ne faut pas négliger l'impact lorsqu'on veut comprendre la société contemporaine.

En fait, bien plus que le sentiment religieux, c'est la religion en tant qu'*institution* – particulièrement, la fréquentation des églises – qui est sur le déclin. Actuellement, les convictions religieuses reposent davantage sur des motifs et des intérêts personnels que sur des considérations collectives. C'est la raison pour laquelle il existe de plus en plus de confessions et de plus en plus de gens qui suivent leur propre morale, le tout formant un amalgame de croyances appelées à évoluer. Malheureusement, cette question n'est pas approfondie dans les ouvrages qui traitent de religion, lesquels se concentrent principalement sur le phénomène contemporain de la laïcisation.

Dans les pages qui suivent, nous analyserons l'état de la religion dans le monde en nous basant sur les résultats du sondage *Voice of the People 2005* et sur ceux du sondage du Millénaire (2000), tous les deux sous la responsabilité de la GIA. L'ampleur de ces données nous permet de mieux comprendre les différentes facettes du processus de modernisation.

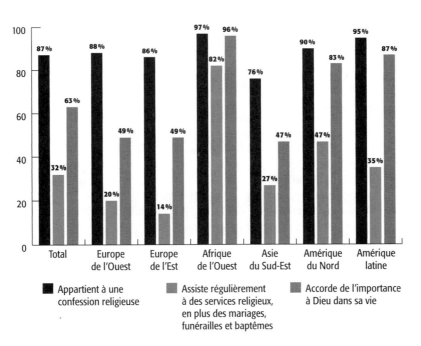

Figure 1

L'adhésion à une religion

Appartient à une confession religieuse

Assiste régulièrement à des services religieux, en plus des mariages, funérailles et baptêmes

Accorde de l'importance à Dieu dans sa vie

Source : Gallup International Association, sondage du Millénaire (2000).

69

Le sondage du Millénaire de la GIA : les régions

Les résultats de l'enquête menée auprès de la population mondiale par la GIA en 1999 indiquent que malgré la place de plus en plus importante qu'occupe la dimension scientifique dans toutes les facettes de la vie depuis le tournant du XXᵉ siècle, la dimension religieuse demeure importante.

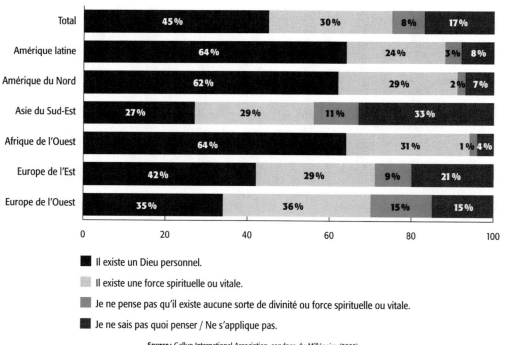

Figure 2

Des énoncés sur la croyance religieuse

Q. Lequel des énoncés ci-dessous représente le plus vos croyances ?

■ Il existe un Dieu personnel.

▨ Il existe une force spirituelle ou vitale.

▦ Je ne pense pas qu'il existe aucune sorte de divinité ou force spirituelle ou vitale.

■ Je ne sais pas quoi penser / Ne s'applique pas.

Source : Gallup International Association, sondage du Millénaire (2000).

Si, à l'échelle mondiale, la grande majorité des gens (87 %, voir la figure 1) appartiennent à une religion, ils sont une minorité à la *pratiquer* : seulement 3 répondants sur 10 assistent régulièrement à des services religieux (soit au moins une fois par semaine). Malgré tout, ils sont nombreux à croire en un Dieu personnel, car 6 personnes sur 10 affirment que Dieu est important dans leur vie ou qu'elles consacrent du temps à la prière ou à la méditation. C'est la vénération d'un «Dieu personnel» qui prédomine dans le monde : elle caractérise la moitié des répondants, alors que seulement 3 personnes sur 10 croient en une «force spirituelle ou vitale» (voir la figure 2).

La sociodémographie du sentiment religieux

Selon les résultats du sondage *Voice of the People 2005,* les deux tiers des répondants (66 %) se considèrent comme religieux (voir le tableau 1), et ce, qu'ils fréquentent ou non un lieu de culte. Le quart des répondants (25 %) affirment ne pas être religieux, tandis que 6 % se disent athées convaincus. Seulement 3 % de l'échantillon se sont abstenus de répondre à cette question.

Les femmes sont plus nombreuses à se dire religieuses : c'est le cas de 80 % d'entre elles, par rapport à 70 % chez les hommes. Conséquemment, il y a plus de personnes non religieuses et athées chez les hommes (21 % et 7 %, respectivement) que chez les femmes (15 % et 3 %, respectivement). L'importance de la religion augmente avec l'âge : alors que 64 % des répondants de 50 ans et moins se disent religieux, cette proportion passe à 71 % chez les gens de plus de 50 ans, ce qui représente un écart significatif.

Tableau 1

La religion et l'âge

Q. Que vous fréquentiez ou non un lieu de culte, diriez-vous que vous êtes : une personne religieuse ? une personne non religieuse ? un(e) athée convaincu(e) ?

	Total	Moins de 30 ans	De 30 à 50 ans	De 51 à 65 ans	Plus de 65 ans
Une personne religieuse	66 %	63 %	65 %	70 %	72 %
Une personne non religieuse	25 %	28 %	26 %	22 %	22 %
Un(e) athée convaincu(e)	6 %	8 %	6 %	6 %	4 %
Ne sait pas/Ne s'applique pas	3 %	3 %	3 %	2 %	2 %

Source : Gallup International Association, sondage *Voice of the People 2005.*

Le sentiment religieux est également relié au niveau de scolarité : les gens n'ayant que peu ou pas fréquenté l'école sont plus nombreux à s'estimer religieux (76 %) que les gens ayant terminé leurs études secondaires (62 %) ou des études supérieures (64 %) (voir le tableau 2).

Tableau 2

La religion et la scolarité

	Total	Aucune scolarité ou études primaires	Études secondaires	Études collégiales ou universitaires
Une personne religieuse	66 %	76 %	62 %	64 %
Une personne non religieuse	25 %	18 %	27 %	27 %
Un(e) athée convaincu(e)	6 %	3 %	7 %	7 %
Ne sait pas/Ne s'applique pas	3 %	3 %	3 %	2 %

Source : Gallup International Association, sondage *Voice of the People 2005.*

On retrouve la même corrélation avec le niveau de revenu : le sentiment religieux est plus fort chez les gens dont le revenu familial est plus faible (70 %) que chez ceux dont le revenu est moyen et élevé (63 % et 62 %, respectivement) (voir le tableau 3).

Tableau 3

La religion et le revenu familial

	Total	Faible-moyen	Moyen-élevé	Élevé
Une personne religieuse	66 %	70 %	63 %	62 %
Une personne non religieuse	25 %	22 %	28 %	28 %
Un(e) athée convaincu(e)	6 %	5 %	6 %	8 %
Ne sait pas/Ne s'applique pas	3 %	3 %	3 %	2 %

Source : Gallup International Association, sondage *Voice of the People 2005.*

À l'échelle mondiale, il apparaît donc que les femmes de plus de 50 ans qui sont moins scolarisées et touchent un revenu plus faible que la moyenne sont plus religieuses.

La majorité des catholiques romains (82 %), des Russes et autres orthodoxes de l'Europe de l'Est (70 %), des protestants (77 %), d'autres chrétiens (82 %), des hindous (87 %) et des musulmans (84 %) se considèrent comme religieux. À l'inverse, les bouddhistes ne se considèrent pas comme religieux.

Il y a presque autant de juifs non religieux (35 %) et d'athées convaincus (12 %) que de juifs qui se disent religieux (50 %). Chez les bouddhistes, le contraste est encore plus grand : seul un tiers des répondants (33 %) s'estiment religieux, la majorité se répartissant entre non religieux (56 %) et athées convaincus (11 %).

Après les Juifs et les bouddhistes, c'est chez les Russes et autres orthodoxes de l'Europe de l'Est (26 %) et chez les protestants (21 %) qu'on retrouve les plus fortes proportions de personnes non religieuses (voir le tableau 4).

Tableau 4

L'orientation religieuse

Q. Que vous fréquentiez ou non un lieu de culte, diriez-vous que vous êtes : une personne religieuse ? une personne non religieuse ? un(e) athée convaincu(e) ?

	Total	Catho-liques	Ortho-doxes	Protes-tants	Autres chrétiens	Hindous	Musul-mans	Juifs	Boud-dhistes	Autres	Aucune religion
Une personne religieuse	66 %	82 %	70 %	77 %	82 %	87 %	84 %	50 %	33 %	61 %	11 %
Une personne non religieuse	25 %	14 %	26 %	21 %	16 %	9 %	10 %	35 %	56 %	31 %	55 %
Un(e) athée convaincu(e)	6 %	2 %	1 %	1 %	1 %	4 %	1 %	12 %	11 %	6 %	30 %
Ne sait pas/Ne s'applique pas	3 %	2 %	3 %	1 %	2 %	1 %	6 %	3 %	1 %	2 %	4 %

Source : Gallup International Association, sondage *Voice of the People 2005.*

■ Le sentiment religieux par région et par pays

Les personnes religieuses

Les gens les plus religieux se trouvent en Afrique (91 %), en Amérique latine (82 %) et au Moyen-Orient (79 %). Comparativement, seulement 65 % des Européens de l'Est, 60 % des Européens de l'Ouest et 50 % des Asiatiques s'estiment religieux. À l'échelle mondiale, il existe donc une corrélation entre pauvreté et foi religieuse (voir la figure 3).

Figure 3

La religion – Résultats mondiaux (en pourcentages)

Q. Que vous fréquentiez ou non un lieu de culte, diriez-vous que vous êtes: une personne religieuse? une personne non religieuse?

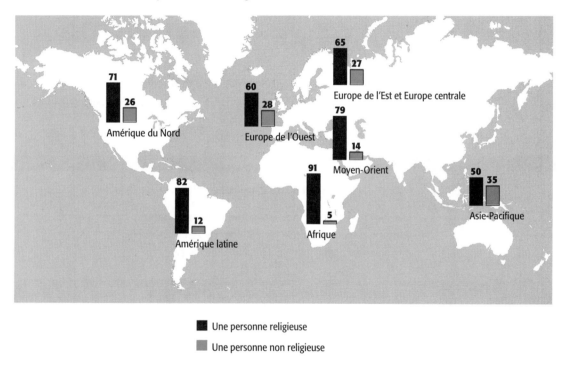

■ Une personne religieuse

■ Une personne non religieuse

Source: Gallup International Association, sondage *Voice of the People 2005.*

Les pays les plus religieux sont le Ghana (96%), le Nigeria (94%), les Philippines (90%), le Sénégal (90%), le Kenya (89%) le Panama (88%) et l'Inde (87%), tandis que la Thaïlande (65%), le Japon (59%), l'Israël (52%) et la République tchèque (51%) sont les moins religieux. En réalité, on retrouve les taux d'athéisme les plus élevés au Japon (23%), en République tchèque (20%) et surtout à Hong-Kong, où plus de la moitié des habitants (54%) nient l'existence de toute divinité (voir le tableau 5).

Tableau 5

L'indice du développement humain*, le PIB et la religion

Q. Que vous fréquentiez ou non un lieu de culte, diriez-vous que vous êtes: une personne religieuse? une personne non religieuse? un(e) athée convaincu(e)?

Pays (en ordre de PIB par habitant)	Une personne religieuse	Une personne non religieuse	Un(e) athée convaincu(e)	Ne sait pas/ Ne s'applique pas	Indice du dévelop- pement humain 2002	Espérance de vie (Naissance en 2002-2005)	Indice RNB† 2005	PIB par habitant 2004 ($ US)
MONDE	**66%**	**25%**	**6%**	**3%**	-	-	-	-
États-Unis	73%	25%	1%	1%	0,939	77,1	40,8	40 100 $
Norvège	36%	46%	9%	8%	0,956	78,9	25,8	40 000 $
Suisse	71%	20%	7%	2%	0,936	79,1	33,1	33 800 $
Danemark	64%	30%	6%	-	0,932	76,6	24,7	32 200 $
Islande	74%	17%	6%	3%	0,941	79,8	ND	31 900 $
Irlande	69%	25%	3%	2%	0,936	77,0	35,9	31 900 $
Canada	58%	33%	6%	3%	0,943	79,3	33,1	31 500 $
Autriche	52%	29%	10%	9%	0,934	78,5	30,0	31 300 $
Royaume-Uni	48%	42%	8%	2%	0,936	78,2	36,0	29 600 $
Pays-Bas	42%	41%	7%	10%	0,942	78,3	32,6	29 500 $
Japon	17%	59%	23%	1%	0,938	81,6	24,9	29 400 $
Finlande	51%	31%	7%	10%	0,935	78,0	26,9	29 000 $
Allemagne	60%	28%	10%	1%	0,925	78,3	28,3	28 700 $
France	58%	25%	14%	2%	0,932	79,0	32,7	28 700 $
Singapour	50%	35%	9%	6%	0,902	78,1	42,5	27 800 $
Italie	72%	21%	6%	1%	0,920	78,7	36,0	27 700 $
Taiwan	36%	47%	15%	3%	-	-	-	25 300 $
Espagne	55%	20%	10%	15%	0,922	79,3	32,5	23 300 $
Grèce	86%	11%	2%	1%	0,902	78,3	35,4	21 300 $
Israël	33%	52%	13%	2%	0,908	79,2	35,5	20 800 $
Corée	58%	29%	11%	2%	0,888	75,5	31,6	19 200 $
Portugal	81%	11%	4%	4%	0,897	76,2	38,5	17 900 $
République tchèque	22%	51%	20%	6%	0,868	75,4	25,4	16 800 $
Uruguay	54%	32%	12%	2%	0,833	75,3	44,6	14 500 $
Lituanie	75%	19%	2%	4%	0,842	72,7	31,9	12 500 $
Argentine	80%	13%	2%	5%	0,853	74,2	52,2	12 400 $
Pologne	85%	10%	2%	3%	0,850	73,9	31,6	12 000 $
Croatie	76%	13%	7%	3%	0,830	74,2	29,0	11 200 $
Afrique du Sud	83%	13%	1%	3%	0,666	47,7	59,3	11 100 $
Russie	57%	36%	4%	3%	0,795	66,8	45,6	9 800 $
Malaisie	77%	18%	4%	1%	0,793	73,1	49,2	9 700 $
Mexique	84%	11%	4%	2%	0,802	73,4	54,6	9 600 $

Pays (en ordre de PIB par habitant)	Une personne religieuse	Une personne non religieuse	Un(e) athée convaincu(e)	Ne sait pas/ Ne s'applique pas	Indice du dévelop-pement humain 2002	Espérance de vie (Naissance en 2002-2005)	Indice RNB† 2005	PIB par habitant 2004 ($ US)
Costa Rica	81 %	16 %	1 %	2 %	0,834	78,1	46,5	9 600 $
Bulgarie	63 %	23 %	5 %	9 %	0,796	70,9	31,9	8 200 $
Thaïlande	28 %	65 %	4 %	3 %	0,768	69,3	43,2	8 100 $
Roumanie	85 %	11 %	1 %	3 %	0,778	70,5	30,3	7 700 $
Turquie	83 %	11 %	1 %	6 %	0,751	70,5	40,0	7 400 $
Macédoine	85 %	10 %	3 %	1 %	0,793	73,6	28,2	7 100 $
Panama	88 %	8 %	2 %	2 %	0,791	74,7	56,4	6 900 $
Colombie	83 %	11 %	3 %	3 %	0,773	72,2	57,6	6 600 $
Bosnie-Herzégovine	74 %	13 %	9 %	3 %	0,781	74,0	26,2	6 500 $
République dominicaine	77 %	19 %	3 %	1 %	0,738	66,7	47,4	6 300 $
Ukraine	70 %	21 %	4 %	5 %	0,777	69,7	29,0	6 300 $
Venezuela	78 %	15 %	4 %	3 %	0,778	73,7	49,1	5 800 $
Pérou	84 %	11 %	2 %	3 %	0,752	69,8	49,8	5 600 $
Philippines	90 %	10 %	0 %	0 %	0,753	70,0	46,1	5 000 $
Paraguay	83 %	13 %	1 %	3 %	0,751	70,9	56,8	4 800 $
Guatemala	64 %	27 %	5 %	3 %	0,649	65,8	48,3	4 200 $
Maldives	78 %	13 %	2 %	8 %	0,752	67,4	ND	3 900 $
Équateur	85 %	12 %	1 %	1 %	0,735	70,8	43,7	3 700 $
Indonésie	55 %	35 %	1 %	9 %	0,692	66,8	34,3	3 500 $
Inde	87 %	9 %	4 %	1 %	0,595	63,9	32,5	3 100 $
Vietnam	53 %	46 %	1 %	0 %	0,691	69,2	36,1	2 700 $
Bolivie	82 %	16 %	1 %	1 %	0,681	63,9	44,7	2 600 $
Serbie	72 %	18 %	4 %	5 %	ND	73,2	ND	2 400 $
Ghana	96 %	3 %	0 %	1 %	0,568	57,9	30,0	2 300 $
Nicaragua	80 %	15 %	2 %	2 %	0,667	69,5	55,1	2 300 $
Pakistan	78 %	9 %	1 %	12 %	0,497	61,0	33,0	2 200 $
Cameroun	86 %	6 %	5 %	3 %	0,501	46,2	44,6	1 900 $
Sénégal	90 %	4 %	1 %	5 %	0,437	52,9	41,3	1 700 $
Togo	83 %	7 %	5 %	6 %	0,495	49,7	ND	1 600 $
Kenya	89 %	4 %	0 %	6 %	0,488	44,6	44,5	1 100 $
Nigeria	94 %	4 %	1 %	2 %	0,466	51,5	50,6	1 000 $
Éthiopie	66 %	23 %	6 %	5 %	0,359	45,5	30,0	800 $
Kosovo	86 %	9 %	1 %	3 %	-	-	-	-
Hong-Kong	14 %	27 %	54 %	5 %	0,903	79,9	43,4	-

Source: Gallup International Association, sondage *Voice of the People 2005*.

* L'indice du développement humain est une mesure composite de la moyenne des réalisations dans un pays selon trois dimensions du développement humain : longévité et santé (espérance de vie à la naissance) ; connaissance (taux d'alphabétisation des adultes et taux brut combiné d'études primaires, secondaires et universitaires) ; et niveau de vie (PIB par habitant exprimé en parité du pouvoir d'achat [PPA] en dollars US).

† Revenu national brut. Afin de pondérer les variations du taux de change lors de la comparaison des revenus de différents pays, la Banque mondiale utilise parfois le facteur de conversion Atlas pour calculer le RNB et le RNB par habitant en dollars US. L'indice RNB correspond au degré de qualité du revenu au sein d'une société.

Les personnes non religieuses et athées convaincues

Compte tenu de la baisse de la fréquentation des églises et du déclin de la conviction religieuse, on peut affirmer que, de façon générale, l'Europe se laïcise. On ne peut pas en dire autant des États-Unis, où le taux de fréquentation des églises et le degré de conviction religieuse n'ont pas changé de façon notable au cours des dernières décennies.

Le tableau 5 indique un lien entre le PIB, l'indice du développement humain (IDH) et le sentiment religieux : plus un pays est riche et a un IDH élevé, moins ses habitants ont tendance à être religieux. Toutefois, les États-Unis, la Suisse, l'Italie, l'Islande, le Vietnam, l'Indonésie, la Thaïlande, la République tchèque et Taiwan font exception à cette règle.

▬ La religion et les questions sociales

Généralement, la ferveur religieuse influence le point de vue des gens sur divers aspects de la vie. On sait, par exemple, que les sociétés ou groupes sociaux moins dévots sont plus tolérants en matière de divorce, d'avortement, d'homosexualité et de changements culturels en général, tandis que les sociétés plus religieuses ont tendance à avoir des opinions plus traditionnelles. Les réponses à plusieurs questions du sondage *Voice of the People 2005* de la GIA semblent vouloir confirmer cet effet de la religion, car elles indiquent des différences d'opinion pouvant être reliées au sentiment religieux.

Les problèmes sociaux contemporains

Peu importe leur sentiment religieux, la plupart des répondants estiment que la pauvreté – l'écart entre riches et pauvres – est le problème mondial numéro un. Au moins 85 % d'entre eux croient d'ailleurs que cet écart s'accentue.

Cette opinion est toutefois plus forte chez les gens religieux : 28 % d'entre eux font mention de la pauvreté, comparativement à 22 % chez les personnes non religieuses et 23 % chez les athées (voir les tableaux 6, 7 et 8). Le terrorisme, pour sa part, est le deuxième problème mondial pour une proportion semblable de gens religieux (13 %) et non religieux (12 %). Il tombe cependant au troisième rang chez les athées convaincus (10 %), après les problèmes environnementaux et la guerre (11 % dans les deux cas).

Tableau 6

Les grands problèmes de l'heure – Personnes religieuses

Q. Quel est, selon vous, le PLUS GRAND problème dans le monde, à l'heure actuelle?

Priorité		
1.	Pauvreté – écart entre les riches et les pauvres	28 %
2.	Terrorisme	13 %
3.	Chômage	10 %
4.	Problèmes économiques	8 %
5.	Guerres et conflits	7 %

Source: Gallup International Association, sondage *Voice of the People 2005.*

Tableau 7

Les grands problèmes de l'heure – Personnes non religieuses

Q. Quel est, selon vous, le PLUS GRAND problème dans le monde, à l'heure actuelle?

Priorité		
1.	Pauvreté – écart entre les riches et les pauvres	22 %
2.	Terrorisme	12 %
3.	Problèmes environnementaux	10 %
	Guerres et conflits	10 %
4.	Mondialisation, commerce mondial inéquitable	7 %
	Chômage	7 %
5.	Problèmes économiques	6 %

Source: Gallup International Association, sondage *Voice of the People 2005.*

Tableau 8

Les grands problèmes de l'heure – Athées convaincus

Q. Quel est, selon vous, le PLUS GRAND problème dans le monde, à l'heure actuelle?

Priorité		
1.	Pauvreté – écart entre les riches et les pauvres	23 %
2.	Problèmes environnementaux	11 %
	Guerres et conflits	11 %
3.	Terrorisme	10 %
4.	Chômage	7 %
5.	Problèmes économiques	6 %

Source: Gallup International Association, sondage *Voice of the People 2005.*

Si les trois groupes sont préoccupés par le chômage, ce problème est la troisième priorité des gens religieux (10 %), et la quatrième des deux autres groupes (7 %). Par ailleurs, si les gens non religieux et les athées comptent l'environnement parmi les cinq problèmes les plus importants de l'heure, ce n'est pas le cas des gens religieux. Pareillement, la mondialisation et le besoin d'échanges plus équitables figurent parmi les priorités des gens non religieux, mais non parmi celles des deux autres groupes.

Le capital social, la confiance et le travail bénévole

Les personnes qui s'estiment religieuses font davantage confiance aux institutions telles que le gouvernement, le parlement et le système d'éducation, et à de grands organismes internationaux comme l'Union européenne, les Nations unies, la Banque mondiale et le Fonds monétaire international.

La majorité des répondants ne font pas confiance au gouvernement (à raison de 60 % pour les gens religieux, de 67 % pour les gens non religieux et de 68 % pour les athées). Mais un examen plus détaillé des données révèle que les gens religieux sont nettement moins méfiants : 37 % d'entre eux font confiance au gouvernement, alors que c'est le cas de seulement de 31 % et de 29 % pour les deux autres groupes.

La majorité des gens non religieux (53 %) voient l'immigration comme une mauvaise chose pour leur pays. Comparativement, les gens religieux et les athées sont partagés à ce sujet : ils sont autant à se prononcer en faveur (45 %) qu'en défaveur (45 %) de l'immigration.

Enfin, les gens religieux sont plus nombreux (31 %) à avoir effectué du travail bénévole (travail non rémunéré pour un organisme sans but lucratif) au cours des 12 mois précédant le sondage que les gens non religieux (25 %) et les athées (22 %).

Conclusion

Bien que les pays développés soient marqués par la laïcisation, le déclin de la pratique religieuse, l'abandon des croyances et le relâchement des valeurs, le monde dans son ensemble n'est pas moins religieux. Au contraire, à l'échelle planétaire, la proportion des croyants – déjà supérieure à celle des non-croyants – ne cesse d'augmenter. Ce phénomène s'explique en partie par le haut taux de fertilité des pays plus pauvres et l'inertie démographique des pays riches, une situation qui ne semble pas vouloir changer dans les années à venir.

Nous observons également que dans certains pays, le taux de dévotion augmente au même rythme que la croissance économique. Il est possible que dans ces régions, la population se tourne vers la religion pour atténuer les sentiments d'insécurité personnelle ou existentielle suscités par les changements structurels et sociaux dûs au développement : augmentation du taux de chômage, de la criminalité et de la pauvreté, menaces de licenciement, expansion du libre marché et diminution du rôle de l'État-providence et des services publics, et ainsi de suite.

Depuis les attaques terroristes du 11 septembre 2001, la population mondiale s'intéresse davantage aux différences religieuses, tout en débattant férocement la question de la laïcisation. L'écart entre société religieuse et société laïque se creuse, ce qui a d'importantes répercussions sur la politique internationale. De plus en plus, la religion est une priorité à l'échelle planétaire.

Les religieux et les laïcs défendent des valeurs différentes, et le traitement de ces différences représente l'un des principaux défis de notre siècle. Afin d'éviter les conflits, l'affrontement et la violence lorsqu'on doit mettre en œuvre des politiques internationales et intranationales, il faut encourager le dialogue, l'indulgence et la tolérance. Nous espérons que le sondage *Voice of the People* contribuera à favoriser une compréhension mutuelle qui permettra de participer de façon constructive à l'élaboration des politiques publiques à l'échelle mondiale.

LES CANADIENS
SONT MOINS RELIGIEUX

- Près de 6 Canadiens sur 10 (58 %) se considèrent comme religieux, ce qui est moins que la moyenne mondiale (66 %). En fait, le Canada n'arrive qu'au 47e rang des 68 pays sondés lorsqu'ils sont classés selon leur sentiment religieux.

Tableau 9

La croyance religieuse

Q. Diriez-vous que vous êtes une personne religieuse ou non religieuse ?

	Personne religieuse	Personne non religieuse	Athée convaincu
Québec	50 %	38 %	11 %
Canada	58 %	33 %	6 %
Monde	66 %	25 %	6 %

Source : Gallup International Association, sondage *Voice of the People 2005.*

- Plus l'indice du développement humain (IDH) et le PIB par habitant d'un pays sont élevés, moins sa population est religieuse. Avec un IDH de 0,943 et un PIB par habitant de 31 500 $ US, le Canada confirme cette règle. Il est à noter que les États-Unis vont nettement à l'opposé de cette tendance : malgré un IDH de 0,939 et un PIB par habitant de 40 100 $ US, ce pays compte une grande majorité de citoyens (73 %) qui se disent religieux.

- Au Canada, près de 1 personne sur 2 (46 %) est catholique, tandis que le reste de la population se répartit comme suit : 12 % appartiennent à l'Église Unie du Canada, 9 % à l'Église anglicane du Canada et 33 % à d'autres confessions.

- Au Québec, 1 personne sur 2 se considère comme religieuse. Par ailleurs, plus de 1 personne sur 10 (11 %) se déclare athée convaincue.

Bibliographie

INGLEHART, Ronald et Pippa NORRIS. *Sacred and Secular : Religion and Politics Worldwide* (Cambridge Studies in Social Theory, Religion and Politics), Cambridge, Royaume-Uni, Cambridge University Press, 2004.

INGLEHART, Ronald et Wayne E. BAKER. « Modernization, Cultural Change, and the Persistence of Traditional Values », dans *American Sociological Review*, vol. 65, 2000, p. 19-51.

BERGER, Peter L. (dic.). *The Desecularization of the World : Resurgent Religion and World Politics,* Washington, DC, Ethics and Public Policy Center and Wm. B. Eerdmans Publishing Co., 1999.

ARTS, Wil, Jacques HAGENAARS et Loek HALMAN (dic.), en collaboration avec Wim van de Donk et Ton van Schaik. « The Cultural Diversity of European Unity : Findings, Explanations and Reflections from the European Values Study », *European Values Studies*, vol. 6, Leiden et Boston, Brill, 2003.

À propos de l'auteure

Marita Carballo
TNS Global, Argentine
marita.carballo@tns-global.com

Marita Carballo est directrice mondiale de la division des enquêtes sociales de TNS, l'une plus importantes maisons de sondage du monde. Elle siège au conseil d'administration de Gallup International Association et préside EOS Gallup Europe. De 1979 à 2002, elle a été présidente et chef de la direction de Gallup Argentine.

Mme Carballo enseigne également la sociologie à l'Université catholique d'Argentine. Elle a écrit des livres, des essais et des articles – dont plusieurs pour les médias de masse – et a donné de nombreuses conférences tant dans le monde universitaire que professionnel.

Mme Carballo est membre du comité consultatif scientifique de l'étude sur les valeurs mondiales, établi à l'Université du Michigan, et à ce titre, a coordonné des enquêtes dans le monde entier, en se concentrant sur les valeurs et les comportements. Elle est à la tête de la division argentine de la World Association for Public Opinion Research (WAPOR) et, en 1999, a été nommée agente de liaison de la WAPOR auprès du Conseil international des sciences sociales (CISS) et de l'UNESCO. Elle siège au comité exécutif du CISS depuis 2000 et en est la vice-présidente depuis mars 2004.

CHAPITRE 4

L'immigration : manne ou mal ?

Margit Cleveland
Groupe RMS, Cameroun

Selon les Nations unies, 175 millions de personnes se sont expatriées en 2000, notamment pour des raisons politiques et économiques. On pense souvent que l'immigration ne touche que les riches pays développés ; pourtant, il s'agit d'un phénomène mondial qui a aussi des répercussions sur les pays les plus démunis.

À l'échelle mondiale, les avis sont partagés sur l'immigration : 43 % des répondants considèrent qu'elle est avantageuse pour leur pays, tandis que 47 % estiment qu'elle est nuisible et 10 % sont sans opinion. L'opinion est beaucoup plus polarisée à l'échelle régionale : sont favorables à l'immigration la majorité des Africains (63 %), des Asiatiques (56 %) et des Nord-Américains (54 %), mais une minorité d'Européens de l'Est (22 %), du Moyen-Orient (26 %), de l'Amérique latine (36 %) et de l'Europe de l'Ouest (37 %).

Cependant, ce n'est pas la nationalité à elle seule qui détermine le degré de xénophilie ou de xénophobie des répondants. Si, à l'échelle mondiale, l'opinion semble influencée par la situation professionnelle, la scolarité et la religion, à l'échelle nationale, elle semble plutôt façonnée par l'expérience particulière qu'on a de l'immigration.

Introduction

Le monde est en mouvement : le nombre total d'immigrants est passé de 75 millions en 1960 à 175 millions en 2000, soit 2,9 % de la population mondiale[1]. Les médias ont beau nous bombarder d'images dramatiques de gens fuyant l'ex-Yougoslavie ou le Darfour, ou encore de réfugiés entassés dans des canots pneumatiques dans le détroit de Gibraltar, ce genre d'exode ne représente dans les faits que 10 % de l'immigration mondiale – une proportion qui va en diminuant. Selon le Haut Commissariat des Nations unies pour les réfugiés (HCNUR), le nombre total de réfugiés / demandeurs d'asile et de personnes déplacées (IDP) est passé de 20,8 millions en 2002 à 17,1 millions à la fin de 2003[2].

Le phénomène de l'immigration déclenche souvent d'ardents débats dans les terres d'accueil, peu importe pourquoi les gens se sont expatriés. Il est à noter qu'aucune question du sondage *Voice of the People 2005* de la Gallup International Association (GIA) ne portait sur ces *raisons*. L'examen de ses résultats nous a donc essentiellement permis de déterminer si, à l'échelle mondiale, l'immigration est considérée comme une menace ou un atout.

Malgré la croyance populaire, les pays plus pauvres sont autant touchés par l'immigration que les riches pays occidentaux. Si l'Allemagne et les États-Unis ont respectivement donné asile à 1 114 134 et 787 410 réfugiés en 2003, le Pakistan et le Kenya n'ont pas été en reste avec, respectivement, 1 129 656 et 241 641 immigrants[3]. En réalité, ce sont souvent les pays les plus démunis qui aident le plus les réfugiés. Toujours en 2003, seulement 4 % des 453 272 personnes qui ont dû fuir la République démocratique du Congo (RDC) ont réussi à atteindre l'Europe ; les autres ont trouvé asile dans les pays africains avoisinants (voir le tableau 1)[4].

La migration est résolument un problème d'ordre mondial ; le débat ne saurait être limité à l'Occident.

Tableau 1

La destination des réfugiés de la RDC

	Nombre de réfugiés de la RDC	Pourcentage des réfugiés
Tanzanie	150 160	33 %
République du Congo	81 004	18 %
Zambie	58 405	13 %
Burundi	40 568	9 %
Rwanda	34 725	8 %
Angola	13 015	3 %
Ouganda	11 680	3 %
Afrique du Sud	8 890	2 %
Allemagne	7 096	2 %
France	6 757	1 %
République centrafricaine	6 498	1 %
Zimbabwe	6 122	1 %
Royaume-Uni	5 376	1 %

Source : HCNUR, *2003 Global Refugee Trends,* juin 2004.

La place de l'immigration dans les priorités mondiales

Lorsqu'on a demandé aux répondants quels étaient, selon eux, les problèmes mondiaux de l'heure, seulement 1 % ont mentionné l'immigration. C'est la pauvreté qui est arrivée en tête de liste (désignée par 26 % des répondants), suivie du terrorisme (12 %), du chômage (9 %), de la guerre (8 %) et des problèmes économiques (7 %).

Seuls les Danois (à raison de 7 %), les Britanniques (7 %), les Autrichiens (4 %) et les Japonais (2 %) estiment que l'immigration est un problème épineux. Fait à noter, 51 % des Danois, 50 % des Japonais et 45 % des Britanniques estiment que leurs pays respectifs profitent de ce phénomène, une opinion qui n'est toutefois partagée que par 19 % des Autrichiens. L'Autriche est le seul pays où l'on est à la fois sensibilisé au problème de l'immigration et peu ouvert aux étrangers. Sauf pour ces répondants, donc, l'immigration est un problème plutôt marginal pour la population mondiale.

L'opinion mondiale sur l'immigration

Les répondants ont des opinions beaucoup plus tranchées sur l'immigration lorsqu'on leur pose des questions directes sur le sujet. À l'échelle mondiale, 43 % des répondants considèrent qu'elle est avantageuse pour leur pays, tandis que 47 % estiment qu'elle est nuisible et 10 % n'ont pas d'opinion[5].

Comme on le constate dans le tableau 2, les Africains (dans une proportion de 63 %), les Asiatiques (56 %) et les Nord-Américains (54 %) sont plus favorables à l'immigration que les habitants de l'Europe de l'Est et de l'Europe centrale (22 %), du Moyen-Orient (26 %), de l'Amérique latine (36 %) et de l'Europe de l'Ouest (37 %).

Tableau 2

Les opinions sur l'immigration, par région

Q. En général, pensez-vous que l'immigration est une bonne chose ou une mauvaise chose pour votre pays ?

Région	Bonne chose	Mauvaise chose	Sans opinion
Afrique	63 %	31 %	6 %
Asie-Pacifique	56 %	36 %	9 %
Amérique du Nord	54 %	41 %	5 %
Europe de l'Ouest	37 %	50 %	13 %
Amérique latine	36 %	53 %	11 %
Moyen-Orient	26 %	67 %	7 %
Europe de l'Est et Europe centrale	22 %	61 %	17 %
Population en général	43 %	47 %	10 %

Source : Gallup International Association, sondage *Voice of the People 2005.*

Une des caractéristiques les plus marquantes de ces résultats est qu'aucune tendance homogène ne se dégage à l'intérieur des régions : les opinions y sont pour le moins contradictoires. Par exemple, 72 % des Africains du Sénégal sont favorables à l'immigration, tandis que 69 % des Sud-Africains y sont défavorables. Il en va de même de l'Europe de l'Ouest : l'immigration mécontente 62 % des Allemands et 58 % des Italiens, mais réjouit 64 % des Irlandais et 54 % des Suisses. Le clivage des opinions est encore plus net en Extrême-Orient : 87 % des Philippins estiment que leur pays profite du phénomène, tandis que 82 % des Thaïlandais croient le contraire (voir le tableau 3).

Seule exception à cette règle : les pays de la péninsule des Balkans et de l'Europe de l'Est. Depuis la Grèce jusqu'à la Russie en passant par la Bosnie, on s'oppose farouchement à l'immigration.

■ L'indice d'hostilité

L'indice d'hostilité indique à quel point un pays est opposé à l'immigration. On le calcule en retranchant le taux d'opinions favorables à l'immigration (« l'immigration est une bonne chose pour mon pays ») du taux d'opinions défavorables à l'immigration (« l'immigration est une mauvaise chose pour mon pays »). Plus l'indice d'hostilité d'un pays est élevé, plus il est hostile à l'immigration.

Les pays qui ont été en guerre récemment, comme la Bosnie, la Macédoine, le Kosovo, la Serbie et la Croatie, ou qui en ont des souvenirs pénibles, comme la Turquie et la Thaïlande, ont des indices d'hostilité très élevés.

En revanche, les Philippines, Israël, la Malaisie et le Canada, plus ouverts à l'immigration, ont des indices d'hostilité négatifs.

Tout porte à croire que le Canada est un pays accueillant, car 74 % des répondants approuvent l'immigration. Il se peut toutefois que la forte proportion d'étrangers qui y résident (18,8 % de la population totale en 2001) explique cette réaction[6]. On ne peut pas en dire autant des États-Unis et du Royaume-Uni. En effet, malgré leurs importantes populations d'immigrants et leurs indices d'hostilité inférieurs à la moyenne (-7 % pour les États-Unis et -1 % pour le Royaume-Uni), 44 % des Américains et des Britanniques réprouvent l'immigration. On peut supposer que cette proportion est maintenant plus élevée du côté britannique, car les attaques du métro de Londres n'avaient pas encore eu lieu quand le sondage a été effectué[7].

Tableau 3

L'indice d'hostilité : opinion sur l'immigration, selon le revenu par habitant et le taux d'immigration

Q. En général, pensez-vous que l'immigration est une bonne chose ou une mauvaise chose pour votre pays ?

Pays	PIB par habitant (en milliers de $ US*)	Pourcentage de réfugiés au sein de la population†	Impact de l'immigration sur le pays du répondant§		Indice d'hostilité**
			Bon	Mauvais	
MONDE			43 %	47 %	4 %
Turquie	7,4	0,01	7 %	87 %	80 %
Thaïlande	8,1	0,19	13 %	82 %	69 %
Bosnie	6,5	10,05	12 %	80 %	68 %
Macédoine	7,1	0,56	15 %	77 %	62 %
République dominicaine	6,3	0	19 %	79 %	60 %
Costa Rica	9,6	0,34	15 %	74 %	59 %
Bulgarie	8,2	0,06	10 %	68 %	58 %
Kosovo††	2,88	ND	14 %	72 %	58 %
Serbie	2,4	5,96	10 %	66 %	56 %
Croatie	11,2	0,7	20 %	71 %	51 %
Afrique du Sud	11,1	0,25	20 %	69 %	49 %
Ukraine	6,3	0,19	16 %	64 %	48 %
Russie	9,8	0,56	23 %	68 %	45 %
Panama	6,9	0,06	23 %	66 %	43 %
Moldavie	1,9	0,01	25 %	64 %	39 %
République tchèque	16,8	0,05	22 %	58 %	36 %
Lituanie	12,5	0,01	21 %	55 %	34 %
Allemagne	28,7	1	30 %	62 %	32 %
Grèce	21,3	0,08	34 %	65 %	31 %
Mexique	9,6	0,01	31 %	60 %	29 %
Bolivie	2,6	0,01	33 %	59 %	26 %
Autriche	31,3	0,59	19 %	44 %	25 %
Italie	27,7	0	33 %	58 %	25 %
Taiwan	25,3	0	31 %	55 %	24 %
Guatemala	4,2	0,01	36 %	58 %	22 %
Pays-Bas	29,5	1,13	28 %	50 %	22 %
France	28,7	0	32 %	50 %	18 %
Nicaragua	2,3	0,01	39 %	57 %	18 %
Colombie	6,6	2,9	38 %	55 %	17 %
Roumanie	7,7	0,01	25 %	41 %	16 %
Équateur	3,7	0,07	36 %	51 %	15 %
Égypte	4,2	0,12	41 %	50 %	9 %

Pays	PIB par habitant (en milliers de $ US*)	Pourcentage de réfugiés au sein de la population†	Impact de l'immigration sur le pays du répondant§		Indice d'hostilité**
			Bon	Mauvais	
Éthiopie	0,8	0,18	41 %	49 %	8 %
Argentine	12,4	0,01	37 %	44 %	7 %
Pologne	12	0,01	29 %	36 %	7 %
Cameroun	1,9	0,39	41 %	46 %	5 %
Hong-Kong	34,2	0,03	43 %	47 %	4 %
Kenya	1,1	0,71	40 %	44 %	4 %
Royaume-Uni	29,6	1	45 %	44 %	-1 %
Portugal	17,9	0	44 %	41 %	-3 %
Japon	29,4	0	50 %	46 %	-4 %
États-Unis	40,1	0,27	51 %	44 %	-7 %
Indonésie	3,5	0,01	45 %	38 %	-7 %
Norvège	40	1	45 %	36 %	-9 %
Finlande	29	0,21	44 %	33 %	-11 %
Danemark	32,2	1,32	51 %	39 %	-12 %
Venezuela	5,8	0,11	49 %	36 %	-13 %
Pakistan	2,2	0,7	47 %	31 %	-16 %
Pérou	5,6	0	52 %	35 %	-17 %
Inde	3,1	0	58 %	40 %	-18 %
Paraguay	4,8	0	52 %	34 %	-18 %
Uruguay	14,5	0	51 %	33 %	-18 %
Espagne	23,3	0,01	47 %	29 %	-18 %
Suisse	33,8	1	54 %	34 %	-20 %
Togo	1,6	0	57 %	36 %	-21 %
Islande	31,9	0,08	53 %	24 %	-29 %
Corée	19,2	0	57 %	23 %	-34 %
Irlande	31,9	0,33	64 %	30 %	-34 %
Singapour	27,8	0	56 %	20 %	-36 %
Ghana	2,3	0,23	68 %	27 %	-41 %
Vietnam	2,7	0,02	68 %	18 %	-50 %
Sénégal	1,7	0,21	72 %	19 %	-53 %
Nigeria	1	0,01	76 %	22 %	-54 %
Canada	31,5	0,53	74 %	19 %	-55 %
Malaisie	9,7	0,33	80 %	13 %	-67 %
Israël	20,8	0,08	87 %	12 %	-75 %
Philippines	5	0	87 %	12 %	-75 %

Sources :

* Les données sur le PIB par habitant proviennent de *The World Factbook* (gouvernement des États-Unis, Central Intelligence Agency, 2005). Information disponible en ligne : www.cia.gov/cia/publications/factbook/.

† Les pourcentages de réfugiés au sein des populations nationales proviennent de *2003 Global Refugee Trends* (HCNUR, juin 2004).

§ Les données relatives aux opinions sur l'immigration dans chaque pays proviennent du sondage *Voice of the People 2005* de la GIA.

** L'indice d'hostilité est égal au pourcentage d'opinions défavorables à l'immigration (« l'immigration est une mauvaise chose pour mon pays ») moins le pourcentage d'opinions favorables à l'immigration (« l'immigration est une bonne chose pour mon pays »).

†† Les données sur le Kosovo proviennent du site : www.sok-kosovo.org.

▪ Les facteurs qui influencent l'opinion

S'il est assez facile de déterminer quels pays voient l'immigration d'un bon œil ou d'un mauvais œil, il est beaucoup plus compliqué de comprendre pourquoi. En réalité, un seul pays est très explicite à cet égard : Israël. On y a adopté une politique nationale en vertu de laquelle tout Juif désirant mettre fin à sa diaspora personnelle y est accueilli à bras ouverts. Apparemment, on ne réserve pas le même traitement aux Palestiniens qui veulent quitter les camps libanais. Dans cette perspective, Israël n'est ni particulièrement xénophobe ni particulièrement xénophile.

Les circonstances particulières qui prévalent dans certains pays peuvent expliquer l'attitude de la population à l'égard de l'immigration. Ainsi, la controverse entourant les meurtres de Pim Fortuyn et de Theo van Gogh aux Pays-Bas, a sans doute amené les Hollandais, reconnus pour leurs idées libérales, à repenser leurs opinions. En Allemagne et en France, des facteurs tels que le haut taux de chômage, la sous-traitance à des pays où la main-d'œuvre est bon marché, ainsi que la présence de vastes communautés d'étrangers non intégrés – souvent des musulmans – jouent sans doute un rôle dans le ressentiment de la population à l'égard des immigrants. Dans des pays comme le Japon, une confiance profondément enracinée dans la cohésion culturelle et ethnique n'encourage pas la xénophilie.

Mais alors, pourquoi des pays comme la Corée ou le Pakistan, qui sont aussi attachés à leur culture que le Japon, sont-ils plus ouverts à l'immigration ? Pourquoi la Turquie et la Thaïlande sont-elles aussi fermées ? Et que dire des Philippines et de la Malaisie, les deux pays les plus accueillants de l'échantillon (si on exclut Israël) ? Tant la Turquie et la Thaïlande que les Philippines et la Malaisie hébergent des minorités nationales ou ethniques et tous produisent leur lot d'émigrants.

Pour répondre à ces questions, il faudrait procéder à des études nationales plus pointues. Malgré l'ampleur du sondage *Voice of the People*, ses résultats ne permettent pas de couvrir les sujets en profondeur. Par exemple, la question sur l'immigration ne fait pas la distinction entre réfugiés, migrants économiques et experts détenant un permis de travail. Il est certain qu'on ne réserve pas le même accueil à un Colombien selon qu'il est neurochirurgien, demandeur d'asile ou passeur de drogue. On s'arrache les spécialistes des TI indiens, mais on ne veut pas des réfugiés tamouls du Sri Lanka. Et contrairement au missionnaire baptiste, l'ingénieur pétrolier protestant n'a aucune difficulté à obtenir un visa d'entrée en Arabie Saoudite.

En dernier ressort, chaque société est libre d'établir ses critères économiques et idéologiques en matière d'immigration. C'est ainsi qu'un pays donnera asile à des experts très scolarisés ou à de la main-d'œuvre ouvrière à bon marché, à des minorités ethniques ou religieuses persécutées, à des gens subissant des préjudices à cause du régime politique de leur pays d'origine.

Puisque les répondants du sondage *Voice of the People* n'avaient pas à expliquer leurs opinions, nous ne pouvons pas savoir pourquoi la population de tel ou tel pays est favorable ou non à l'immigration. Nous pouvons néanmoins examiner les facteurs qui prédisposent à la xénophobie ou à la xénophilie. C'est l'objet des sous-sections suivantes.

Des données démographiques de base

L'opinion sur l'immigration ne semble influencée ni par le sexe ni par l'âge, quoique les répondants plus âgés hésitent à voir le phénomène comme une bonne chose (voir le tableau 4).

Tableau 4

Les opinions sur l'immigration, par tranche d'âge

Q. En général, pensez-vous que l'immigration est une bonne chose ou une mauvaise chose pour votre pays ?

	Moins de 30 ans	De 30 à 50 ans	De 51 à 65 ans	Plus de 65 ans
Bonne chose	45 %	44 %	42 %	35 %
Mauvaise chose	45 %	46 %	46 %	54 %
Ne sait pas/Ne s'applique pas	10 %	10 %	11 %	11 %

Source : Gallup International Association, sondage *Voice of the People 2005*.

La scolarité façonne davantage les opinions. Ainsi, plus les répondants sont scolarisés, plus ils sont en faveur de l'immigration (voir le tableau 5). L'inverse n'est pas nécessairement vrai : ce n'est pas parce que les gens sont moins scolarisés qu'ils sont plus enclins à rejeter l'immigration.

Tableau 5

Les opinions sur l'immigration, par niveau de scolarité

Q. De façon générale, croyez-vous que l'immigration est une bonne ou une mauvaise chose pour votre pays ?

	Aucune scolarité ou études primaires	Études secondaires	Études collégiales ou universitaires
Bonne chose	37 %	39 %	54 %
Mauvaise chose	51 %	51 %	38 %
Ne sait pas/Ne s'applique pas	12 %	10 %	8 %

Source : Gallup International Association, sondage *Voice of the People 2005.*

Ni le revenu personnel ni le PIB par habitant n'ont d'impact sur les opinions des répondants.

Par ailleurs, le pourcentage de réfugiés au sein de la population d'un pays ne saurait expliquer son degré d'hostilité à l'égard des immigrants, car le lien entre ces deux mesures est ténu.

La région et la religion

Comme nous l'avons vu dans les sections précédentes, la tendance est légèrement défavorable à l'immigration à l'échelle mondiale (à raison de 43 % pour et 47 % contre). De plus, si chaque région compte des pays qui prônent ou qui s'opposent à l'immigration (à l'exception des Balkans et de l'Europe de l'Est), dans l'ensemble, les tendances régionales sont assez marquées (voir les tableaux 2 et 3).

L'appartenance à une religion ne semble pas avoir d'impact sur l'opinion, sauf dans les cas où la confession est associée à une région particulière. Ainsi, puisque les Israéliens sont d'ardents défenseurs de l'immigration (pour des raisons énoncées précédemment) et qu'Israël est de confession juive, il n'est pas étonnant de constater que les juifs sont en faveur de l'immigration. Il en va de même des hindous : si le sondage révèle qu'ils sont en faveur de l'immigration, c'est parce que ces répondants habitent surtout en Inde, un pays très accueillant.

Les catholiques, les protestants et les autres chrétiens, les musulmans et les bouddhistes ou même les athées ne sont ni favorables ni défavorables à l'immigration, du moins pas d'une façon significative. À l'opposé, les chrétiens de l'Europe centrale et de l'Europe de l'Est, ainsi que les orthodoxes de l'Europe de l'Est se disent résolument hostiles à l'immigration.

Les priorités mondiales

Il existe certains liens entre ce que les répondants pensent de l'immigration et ce qu'ils estiment être les grands problèmes mondiaux.

Ainsi, ceux pour qui la mondialisation, le terrorisme, les questions environnementales, la criminalité, les droits de la personne, la drogue, les questions d'éducation et le fondamentalisme religieux sont les problèmes de l'heure, n'ont pas tendance à être xénophobes.

De même, ceux qui estiment qu'on devrait plutôt accorder la priorité aux questions économiques, au chômage et aux problèmes que vivent les réfugiés sont nettement moins hostiles à l'immigration. Il y a lieu de croire que cette opinion est fondée sur un idéal humanitaire.

En revanche, les gens préoccupés par la guerre, la pauvreté, le VIH/sida et la corruption ont tendance à s'opposer à l'immigration. Tentons quelques explications. Il se peut que ces répondants pensent que la corruption et le sida doivent rester confinés dans les pays où ils sévissent de façon endémique. Peut-être craignent-ils les vagues d'immigration qu'entraînerait la guerre. Éventuellement, ils redoutent le fardeau financier supplémentaire qu'amènerait l'immigration dans un contexte de restriction budgétaire des programmes sociaux. Ils risqueraient peut-être de s'appauvrir à leur tour.

Le statut professionnel

Nous supposons que les gens qui blâment l'immigration estiment que les étrangers représentent une menace dans la course aux emplois. Cette hypothèse semble se confirmer lorsqu'on examine la situation professionnelle des répondants à l'échelle mondiale.

Les retraités, qui n'ont pas à craindre qu'on leur «vole leur emploi», sont nettement plus accueillants. Il en va de même des répondants qui ont déjà un emploi : ils ne se sentent pas menacés par les immigrants et sont moins hostiles à leur égard. À l'opposé, les gens au chômage ou qui ne travaillent pas ont tendance à considérer que l'immigration est mauvaise pour leur pays[8].

Cette explication ne tient cependant pas la route lorsqu'on examine les données par région. Les habitants de l'Europe de l'Est et de l'Europe centrale se sentent plus menacés par les immigrants que les Européens de l'Ouest (dont le taux de chômage et d'inactivité est pourtant plus élevé de deux points de pourcentage). Et que dire de l'Afrique qui, avec son taux de chômage et d'inactivité de 47 %, semble même accueillir l'immigration avec un certain enthousiasme ?

L'argument ne vaut pas plus pour les données à l'échelle nationale. Si on remarque une certaine corrélation entre l'indice d'hostilité de la Turquie (80 %) et le taux de chômage et d'inactivité (52 %), on note un rapport inverse pour les Philippines (indice d'hostilité de -75 % et taux de chômage et d'inactivité de 53 %).

■ L'impact réel des facteurs

D'un strict point de vue statistique, plusieurs facteurs semblent contribuer à modeler l'opinion sur l'immigration : la région, l'appartenance à une religion, le niveau de scolarité et le statut professionnel. Toutefois, aucun ne permet à lui seul d'expliquer la sympathie ou l'hostilité à l'égard des immigrants. Les répondants de l'Europe centrale et de l'Europe de l'Est, caractérisés par leur forte opposition à l'immigration, ne sont pas particulièrement moins instruits ou moins actifs professionnellement que les autres groupes, et le simple fait qu'ils habitent dans cette région et qu'ils soient en majorité de confession orthodoxe ne permet pas de comprendre leur attitude. Clairement, les données démographiques ne suffisent pas à élucider la question.

L'histoire nous offre une explication plus plausible. Le communisme et l'assujettissement à des régimes despotiques similaires ont obligé de nombreux pays de l'Europe de l'Est et de l'Europe centrale à fraterniser. Mais dès la chute du rideau de fer, la solidarité forcée a cédé le pas à un renouveau nationaliste, puis à un patriotisme belliqueux. Malheureusement, dans toute la péninsule balkanique, depuis l'ancienne Allemagne de l'Est jusqu'en Pologne et en Russie, la xénophobie s'est manifestée de façon radicale par le nettoyage ethnique.

2 sociétés africaines sous la loupe

C'est en Afrique qu'on retrouve les plus grandes divergences d'opinion. Avec un indice d'hostilité de 49 %, l'Afrique du Sud est le pays le moins accueillant de ce continent, tandis que le Nigeria, avec son indice négatif (-54 %) en est l'un des plus accueillants[9]. Cette disparité se reflète également dans les réponses à certaines questions d'une enquête portant sur les valeurs mondiales effectuée en 2000-2001, le *World Values Survey*[10] (voir le tableau 6).

Bien que la majorité des répondants des deux pays estiment que les employeurs devraient favoriser la main-d'œuvre nationale, près du quart des Nigérians (22 %) pensent le contraire. Le contraste est marquant pour ce qui est des réactions à la deuxième question : alors que 62 % des Nigérians sont ouverts à l'idée d'une immigration plus ou moins libre, 65 % des Sud-Africains estiment qu'il faut la limiter, voire l'interdire.

De plus, les Sud-Africains s'objectent en plus grand nombre (31 %) que les Nigérians (21 %) pour ce qui est d'avoir des immigrants ou des étrangers comme voisins.

Bien que l'Afrique du Sud se soit démocratisée il y a une dizaine d'années, ce n'est pas encore le «pays de rêve» qu'on avait imaginé. Sa longue histoire d'apartheid a créé des tensions raciales et ethniques ainsi que d'énormes inégalités économiques qui persistent encore de nos jours. Il n'est pas rare de voir des Sud-Africains noirs s'en prendre aux immigrants de pays voisins, motivés autant par la course aux rares ressources que par un nouveau sentiment nationaliste.

Tableau 6

Les opinions sur l'immigration et l'emploi

Comparaison entre le Nigeria et l'Afrique du Sud

Q. Lorsque les emplois sont rares, les employeurs devraient donner la priorité aux gens de mon pays sur les immigrants.

	Nigeria	Afrique du Sud
D'accord	70%	82%
Sans opinion/refus de répondre	7%	8%
En désaccord	22%	9%

Q. Laquelle des mesures suivantes le gouvernement devrait-il adopter pour réglementer l'entrée des immigrants qui désirent travailler dans votre pays?

	Nigeria	Afrique du Sud
Les laisser entrer sans restriction	13%	5%
Les laisser entrer si des emplois sont disponibles	49%	25%
Restreindre sévèrement le nombre d'immigrants	27%	40%
Les empêcher d'entrer	7%	25%
Sans opinion/refus de répondre	4%	5%

Source: Markinor, *World Values Survey 2000-2001.*

Le Nigeria, pour sa part, est indépendant depuis 45 ans. Certes, le régime en place n'est pas exempt d'oppression et d'exploitation économique, mais ces fléaux ont l'avantage d'être «internes». De plus, bien que l'histoire de ce pays recèle quelques malheureux épisodes xénophobes – l'expulsion de plus de 100 000 Ghanéens en 1982 et les altercations régulières entre différents groupes ethniques –, il a plutôt la réputation d'être accueillant et s'est toujours vanté d'offrir l'asile à d'autres Africains, dont les Sud-Africains pendant l'apartheid. Comme il n'existe toujours pas de système d'identification au Nigeria, les immigrants passent pratiquement inaperçus dans la mesure où ils s'efforcent de s'intégrer et savent se débrouiller.

Conclusion

De façon générale, les répondants du sondage *Voice of the People* sont sceptiques en ce qui a trait aux bienfaits de l'immigration. Si la franche hostilité n'est la norme que dans quelques pays, il n'en demeure pas moins que dans toutes les régions, d'importantes minorités considèrent le phénomène comme menaçant.

Bien qu'elle soit claire, cette réaction reste difficile à expliquer. Sur chaque continent, on retrouve une disparité d'opinions qui paraissent modelées par certains facteurs : la situation professionnelle, le niveau de scolarité ou la religion, notamment. Mais en fin de compte, il semble que certains aspects culturels, l'expérience de l'immigration, de récents événements (comme c'est apparemment le cas aux Pays-Bas), le type (réfugiés, experts, etc.) et l'origine des immigrants soient plus déterminants.

Il ressort néanmoins que l'immigration est un problème qu'on ne peut pas ignorer facilement. Dès lors, pourquoi les sociétés tardent-elles à entreprendre un débat constructif sur la question ?

La migration peut toucher n'importe quel pays si les circonstances s'y prêtent ; les troubles politiques, la guerre, l'oppression, la pauvreté ou la discrimination ne sont que quelques-uns des facteurs qui contribuent à chasser les gens de leur foyer. Le tsunami qui a frappé l'Asie et l'ouragan Katrina aux États-Unis démontrent bien que quiconque peut devenir un réfugié, et ce, dans son propre pays. La compassion n'est peut-être donc pas une mauvaise idée.

Mais la compassion ne suffit pas. Actuellement, le débat sur l'immigration est caractérisé par des positions extrêmes. D'un côté se trouvent les tenants du « multiculturalisme », soit les défenseurs d'une immigration sans restriction – quoique ce concept soit de plus en plus critiqué, même dans les pays de tradition libérale – et de l'autre, des rhétoriciens incendiaires qui agitent le spectre de l'« altération ethnique ». C'est le cas, par exemple, de deux premiers ministres allemands, messieurs Koch et Stoiber, reconnus pour leurs remarques inappropriées durant leurs campagnes électorales respectives; l'un a lancé le slogan *Kinder statt Inder* (Des enfants plutôt que des Indiens), tandis que l'autre a parlé des dangers de la société métissée (*durchrasste Gesellschaft*). De telles vues ne favorisent certainement pas l'intégration et l'acceptation des étrangers.

Il vaudrait mieux trouver un compromis et tenter de dédramatiser cette question très délicate. Tout pays a certainement le droit d'établir ses critères de sélection des candidats à l'immigration et d'exiger que les immigrants souscrivent à ses valeurs fondamentales. Il importe alors que la population soit consultée, soit appelée à participer au débat.

La réglementation de l'immigration ne résoudra cependant pas les problèmes qui la sous-tendent: conflits, pauvreté, etc. Dans cette perspective, la «mondialisation» ne peut pas être exclusivement économique, elle doit aussi être orientée sur la résolution des problèmes et le règlement des conflits à l'échelle mondiale.

▬ Le NEPAD en Afrique

Malgré toute l'aide au développement prodiguée à l'Afrique au cours des 40 dernières années, le niveau de vie des Africains ne s'est guère amélioré, d'où le nombre imposant de migrants sur ce continent. Pour contribuer à régler ce problème, un projet prometteur a été mis sur pied en 2001 par les dirigeants africains: le Nouveau partenariat pour le développement de l'Afrique (NEPAD), lequel repose sur l'imputabilité et le mécanisme d'examen par les pairs. Entre autres objectifs, le NEPAD vise à éradiquer la pauvreté.

Jusqu'à maintenant, toutefois, le NEPAD n'a pas semblé tenir ses promesses. Ainsi, le mécanisme d'examen par les pairs a échoué dans le cas du Zimbabwe. Dans une société qui se veut planétaire, nous devrions nous donner comme mission d'obliger les dirigeants à mettre en pratique les normes qu'ils professent et à entreprendre des actions qui peuvent vraiment faire la différence dans la qualité de vie africaine.

LE CANADA EST L'UN DES PAYS LES PLUS ACCUEILLANTS

- Près de 3 Canadiens sur 4 (74 %) estiment que l'immigration est profitable pour leur pays, alors que seulement 43 % de la population mondiale partage cette opinion. Une telle ouverture permet au Canada de se hisser au quatrième rang des pays les plus accueillants du monde.

Tableau 7

Les opinions sur l'immigration

Q. En général, pensez-vous que l'immigration est une bonne chose ou une mauvaise chose pour votre pays ?

	Bonne chose	Mauvaise chose
Québec	78 %	18 %
Canada	74 %	19 %
Monde	43 %	47 %

Source : Gallup International Association, sondage *Voice of the People 2005.*

- La grande majorité des Canadiens âgés de 18 à 24 ans (92 %) est favorable à l'immigration, ce qui laisse croire qu'au Canada les valeurs de compréhension, d'ouverture et de tolérance seront préservées dans les années à venir.

- Le Canada est un pays multiculturel : 19 % des Canadiens sont nés à l'extérieur du pays. De ceux-là, 40 % sont d'origine britannique, 27 %, d'origine française, 20 %, d'autres origines européennes (de l'Ouest), 2 %, d'origine aborigène ou inuit et 11 %, d'origines diverses (Asie, Amérique latine et Europe de l'Est).

- Au Québec, tout comme dans le reste du Canada, la population se montre favorable à l'immigration. Pas moins de 78 % de la population québécoise considère l'immigration comme une bonne chose.

Notes

1. Organisation des Nations unies, Département des affaires économiques et sociales, Division de la population.

2. HCNUR *2003 Global Refugee Trends,* juin 2004.

3. *Ibid.*

4. *Ibid.*

5. Ce qui signifie qu'à l'échelle mondiale, considérablement plus de gens sont contre l'immigration (taux de fiabilité de 99%).

6. Cette information provient du site www.migrationinformation.org, qui traite de la difficulté d'obtenir des données fiables sur l'immigration. D'une part, l'information n'est disponible que pour un ensemble restreint de pays et, d'autre part, les données ne sont pas les mêmes d'un pays à un autre.

7. Cette information provient également du site www.migrationinformation.org. En 2001, le pourcentage des résidents étrangers aux États-Unis était de 11,4%, tandis qu'il était de 4,2% au Royaume-Uni.

8. Données significatives à 99%.

9. Le taux de chômage est très élevé dans ces deux pays : 47% en Afrique du Sud et 49% au Nigeria.

10. Ces données proviennent de Mari Harris, Markinor, Afrique du Sud.

À propos de l'auteure

Margit Cleveland
Groupe RMS, Cameroun
mcleveland@rms-africa.com

Née en Allemagne, Margit Cleveland a entrepris sa carrière dans le secteur des enquêtes sociales à Infratest-Burke, à Munich. En 1987, elle s'est installée aux États-Unis, où elle a travaillé pour la société Mar's Surveys, au New Jersey, jusqu'en 1991. Elle est ensuite rentrée en Allemagne, où elle a occupé un emploi au IJF Institut für Jugendforschung, à Munich.

Mme Cleveland a poursuivi sa carrière en Afrique. Depuis 1997, elle travaille pour le groupe RMS, où elle occupe maintenant le poste de directrice des opérations internationales. Après avoir vécu de nombreuses années au Nigeria et au Cameroun, elle habite maintenant à Nairobi, au Kenya.

LE SONDAGE EN IMAGES

Voici quelques photos prises lors de la réalisation du sondage
en Afrique, en Europe et en Asie.

Il n'est pas toujours facile de mener un sondage dans certaines parties du monde. Ici, on voit nos intervieweurs arrêtés par les gardes nationaux à Nairobi, au Kenya.

Dans des régions comme Hong-Kong, il vaut mieux interviewer les répondants en personne pour assurer la qualité des réponses.

Photos : gracieuseté des intervieweurs du sondage *Voice of the People 2005*

Au Kenya, la maison de sondage Steadman Research a organisé des groupes de discussion pour mieux comprendre les opinions des Kényans.

Partout dans le monde, les gens sont ravis de donner leur opinion sur des questions qui les concernent. Ici, une interview à Harat, en Afghanistan.

Dans certaines régions, comme à Singapour, les interviews ont été réalisées par téléphone.

Transport assez inusité d'un groupe d'intervieweurs à Wardak, en Afghanistan.

Certains répondants se sont gentiment laissé interviewer pendant qu'ils vaquaient à leurs activités quotidiennes.

106

Dans certaines régions rurales, comme en Afrique, les intervieweurs ont dû établir un lien de confiance avec les répondants et s'adapter aux différences culturelles.

RMS Nigeria a organisé une séance d'information avec les intervieweurs de différents groupes ethniques, pour ensuite les apparier avec des répondants de même origine afin d'éviter certains conflits raciaux.

Certaines régions rurales sont parfois difficiles à atteindre. Ici, la route vers un village du Cameroun était devenue impraticable pour les intervieweurs.

Une interview par Isopublic pendant un match de hockey en Suisse.

108

CHAPITRE 5

La faim et l'opinion publique

Henk Foekema
TNS NIPO, Pays-Bas

Le problème de la faim dans le monde, qui avait semblé s'atténuer à partir du milieu des années 70, s'est aggravé dernièrement. Selon les données officielles de l'Organisation des Nations unies pour l'alimentation et l'agriculture (FAO) et du Programme alimentaire mondial (PAM), 850 millions de personnes, soit plus de 1 personne sur 7, souffraient de la faim en 2002. La situation va d'ailleurs en se détériorant, particulièrement dans les bidonvilles du tiers-monde. C'est en Afrique subsaharienne – particulièrement chez les femmes et les enfants – qu'on retrouve les taux de malnutrition les plus élevés.

Le problème est encore plus alarmant lorsqu'on sonde la population : à l'échelle mondiale, plus de 1 personne sur 6 (18 %) estime qu'elle souffre de la faim. C'est le cas même aux États-Unis (18 %) et dans certains pays européens comme la Bosnie (24 %), la Grèce (18 %) et la Bulgarie (21 %).

Si l'on s'attend à ce que la sous-alimentation soit étroitement liée à la pauvreté, on est surpris par contre de constater qu'elle ne va pas nécessairement de pair avec le niveau de scolarité : même les gens relativement instruits qui vivent dans des pays pauvres ne mangent pas toujours à leur faim. Il existe également une corrélation entre la faim et la criminalité, l'absence de démocratie et la corruption du processus électoral.

On note enfin que les préoccupations des gens qui ne mangent pas à leur faim sont différentes de celles des gens qui ont assez de nourriture. Si la pauvreté et le chômage sont les problèmes les plus importants pour l'ensemble de la population mondiale, le terrorisme et les problèmes environnementaux ne comptent pas autant pour ceux qui ont faim.

La définition de la faim

La faim est l'un des plus anciens ennemis de l'humanité. La FAO et le PAM la définissent comme le signal qu'envoie l'organisme lorsqu'il manque de nourriture. Si la faim persiste, elle mène à la sous-alimentation, un état qui compromet les fonctions organiques telles que la croissance, la grossesse, la lactation, l'apprentissage, le travail physique, la résistance aux maladies et la guérison. En moyenne, l'être humain a besoin de 2 100 calories par jour pour être en santé et mener une vie active.

Le faim entraîne toute une gamme de complications, qui vont de l'extrême maigreur ou petitesse de la taille par rapport à l'âge jusqu'au manque de vitamines et de minéraux. Selon la FAO, plus de 1 personne sur 7 à l'échelle mondiale ne mange pas assez pour se maintenir en santé, c'est-à-dire qu'elle consomme moins de 2 100 calories par jour. Ce problème a semblé s'atténuer à partir du milieu des années 70, notamment en raison de la nette amélioration des conditions de vie des habitants de la Chine et de l'Inde. Mais, en fait, il s'est aggravé ces dernières années : le nombre total de personnes souffrant de malnutrition est passé de 791 millions en 1997 à 852 millions en 2002.

Bien que les médias parlent surtout des cas de famine – habituellement attribuables à la guerre ou à des catastrophes naturelles –, ceux-ci ne représentent qu'une faible proportion de ce que recouvre l'expression *la faim dans le monde*. La sous-alimentation, problème nettement plus étendu mais moins flagrant, touche des millions de personnes dont la santé, après des semaines, voire des mois, de disette, risque d'être compromise à long terme.

Outre la sous-alimentation, qui correspond davantage à une insuffisance sur le plan calorique ou, si l'on veut, à un déficit *quantitatif* de nourriture, le problème de la faim dans le monde englobe la malnutrition, qui correspond à un déficit *qualitatif*, à un manque de substances alimentaires essentielles (les micronutriments), telles que les vitamines et les minéraux. La malnutrition frappe beaucoup plus de gens, et ce, même dans les pays riches.

■ Qui sont ceux qui ont faim ?

Selon le PAM, les trois quarts des gens souffrant de la faim vivent dans les régions rurales des pays en développement, surtout en Asie et en Afrique. Ils se nourrissent essentiellement des produits qu'ils cultivent et n'ont pas d'autre emploi ou source de revenus qui leur permettrait de se procurer des vivres. En cas de sécheresse ou d'inondation, ils risquent donc la disette.

Le quart des mal-nourris vit dans les bidonvilles du tiers-monde et, à l'instar de la population urbaine à l'échelle mondiale, leur nombre augmente rapidement.

On calcule que sur 10 personnes sous-alimentées, 2 sont de jeunes enfants. Or, la faim chronique retarde ou interrompt la croissance, sur les plans tant physique que mental. Selon la FAO, plus de 200 millions d'enfants sont trop petits pour leur âge, n'ont pas les défenses nécessaires pour se protéger contre les maladies telles que la rougeole ou la dysenterie et en meurent plus souvent qu'autrement.

La faim touche moins les hommes. Bien que, par tradition, les femmes des pays du tiers-monde soient responsables de la production alimentaire, on estime qu'avec leurs filles, elles totalisent 70 % des gens souffrant de la faim.

■ Où vivent-ils ?

En chiffres absolus, la plupart des personnes qui souffrent de la faim vivent en Asie, principalement en Inde et en Chine (voir la figure 1).

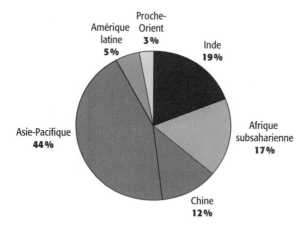

Figure 1

Les régions où l'on compte le plus grand nombre de personnes souffrant de la faim

Source : FAO, Division des statistiques, *Annuaire statistique de la FAO 2004,* vol. 1, 2005.

Mais c'est en Afrique subsaharienne qu'on retrouve la *proportion* la plus élevée de gens souffrant de la faim : ils représentent 31 % de la population de tout le continent. Comparativement, 27 % des Asiatiques et 13 % des Latino-Américains sont sous-alimentés.

La figure 2 résume bien la situation. Si l'Asie compte plus de personnes souffrant de malnutrition, c'est en Afrique que le problème de la faim est le plus important, *toutes proportions gardées.*

Le pourcentage de la population souffrant de la faim, par pays

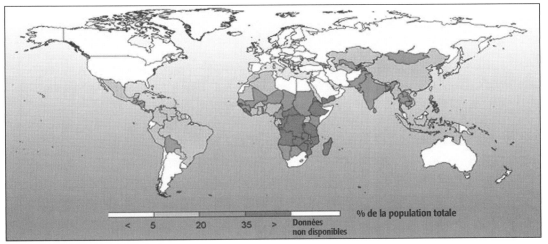

Source : FAO, Division des statistiques, *Annuaire statistique de la FAO 2004*, vol. 1, 2005.

L'influence de la perception de la faim sur l'opinion publique

La faim parmi les répondants du sondage *Voice of the People 2005*

À la lumière des *faits* fournis par la FAO, la Gallup International Association a cherché à savoir comment la population mondiale percevait la faim en menant en 2005 le vaste et ambitieux sondage *Voice of the People 2005*.

Il s'avère que plus de 1 personne sur 6, soit 18 % de la population mondiale, a souvent ou parfois souffert de la faim au cours des 12 mois précédant le sondage. La *perception* de la faim dépasse donc de 4 % les faits mesurés par la FAO. Cet écart s'explique par la nature différente des outils utilisés pour arriver à ces proportions. La FAO s'est basée sur la norme objective voulant que l'être humain ait besoin de consommer 2 100 calories par jour pour se maintenir en santé et mener une vie active, tandis que la GIA a fondé sa mesure sur les *perceptions* des répondants du sondage *Voice of the People*. En supposant que la mesure de la FAO soit exacte (c'est-à-dire que le chiffre de 2 100 calories représente effectivement le nombre de calories quotidien dont un être humain a besoin), on doit conclure que l'impression de souffrir de la faim est plus grande que la faim elle-même.

Cette perception varie grandement en fonction de la région. C'est en Afrique (44%), en Europe de l'Est (25%), en Amérique latine (23%) et au Moyen-Orient (21%) qu'on retrouve les plus fortes proportions de répondants disant souffrir de la faim. En revanche, seulement 4% des Européens de l'Ouest, 12% des habitants de la région Asie-Pacifique et 17% des Nord-Américains affirment qu'ils ne mangent pas à leur faim (voir le tableau 1).

Tableau 1

Le pourcentage de la population souffrant de la faim

Q. Au cours des 12 derniers mois, y a-t-il eu des moments où vous et/ou votre famille n'avez pas eu assez à manger?

Région	Souvent - parfois	Rarement - jamais	Ne sait pas/Ne s'applique pas
MONDE	**18%**	**81%**	**2%**
Afrique	44%	53%	3%
Europe de l'Est et Europe centrale	25%	72%	3%
Amérique latine	23%	76%	1%
Moyen-Orient	21%	76%	2%
Amérique du Nord	17%	83%	0%
Asie-Pacifique	12%	86%	2%
Europe de l'Ouest	4%	95%	1%

Source: Gallup International Association, sondage *Voice of the People* 2005.

Si on examine maintenant les données par pays, on constate que le problème de la faim n'est pas confiné aux pays en développement; il atteint aussi les sociétés plus riches. Le tableau 2 dresse la liste de 65 pays en indiquant, pour chacun, la proportion de la population qui estime souffrir (parfois ou souvent) de la faim.

Tableau 2

Le pourcentage de la population
qui souffre (parfois ou souvent) de la faim

En comparaison du PIB par habitant

Pays	%	PIB par habitant ($ US*)	Pays	%	PIB par habitant ($ US*)	Pays	%	PIB par habitant ($ US*)
MONDE	**18**		Bolivie	23	2 600	Italie	6	27 700
Nigeria	56	1 000	Bulgarie	21	8 200	Israël	6	20 800
Cameroun	52	1 900	Indonésie	20	3 500	Canada	5	31 500
Philippines	46	5 000	Grèce	18	21 300	Vietnam	5	2 700
Pérou	42	5 600	États-Unis	18	40 100	Portugal	4	17 900
Togo	42	1 600	Guatemala	18	4 200	Taiwan	4	25 300
Kenya	39	1 100	Croatie	17	11 200	Allemagne	3	28 700
Ukraine	38	6 300	Panama	17	6 900	Pays-Bas	3	29 500
Thaïlande	36	8 100	Moldavie	16	3 900	Royaume-Uni	3	29 600
Nicaragua	33	2 300	Colombie	15	6 600	Islande	3	31 900
Pakistan	32	2 200	Lituanie	14	12 500	République tchèque	3	16 800
Ghana	32	2 300	Costa Rica	14	9 600	Corée	3	19 200
Russie	31	9 800	Sénégal	14	1 700	Singapour	3	27 800
Macédoine	27	7 100	Roumanie	12	7 700	Norvège	2	40 000
Éthiopie	27	800	Uruguay	12	14 500	Espagne	2	23 300
Mexique	26	9 600	Serbie et Monténégro	11	2 400	Suisse	2	33 800
République dominicaine	26	6 300	Argentine	10	12 400	Hong-Kong	2	-
Afrique du Sud	26	11 100	Kosovo	9	-	Malaisie	2	9 700
Bosnie-Herzégovine	24	6 500	Pologne	8	12 000	Danemark	2	32 200
Équateur	24	3 700	Paraguay	7	4 800	République d'Irlande	1	31 900
Venezuela	24	5 800	Finlande	6	29 000	Japon	1	29 400
Turquie	23	7 400	France	6	28 700	Autriche	0	31 300

Source : Gallup International Association, sondage *Voice of the People 2005.*

* PIB signifie produit intérieur brut.

Étant donné le faible PIB par habitant du Nigeria et du Cameroun, il n'est pas vraiment étonnant de constater que plus de la moitié des habitants de ces pays souffrent de la faim. Certaines autres données ont toutefois de quoi surprendre. Ainsi, près du tiers de la population de la Russie (31 %) se dit sous-alimentée ; pourtant, ce pays affiche un PIB par habitant supérieur à celui de pays où les pourcentages de population souffrant de la faim ne sont pas aussi élevés : Équateur, Bolivie, Indonésie, Guatemala, Sénégal et Moldavie, par exemple. Il en va de même pour le Mexique où le taux de malnutrition est élevé compte tenu du PIB par habitant.

Il est plus déconcertant encore de constater que, malgré un PIB par habitant parmi les plus élevés du monde, les États-Unis affichent un contingent de mal-nourris aussi important que ceux de pays comme le Guatemala, la Croatie ou le Panama. La Grèce se trouve à peu près dans la même situation : son taux de malnutrition est élevé compte tenu de son PIB par habitant (même s'il n'est pas aussi haut que celui des États-Unis).

Il faut cependant se montrer prudent lorsqu'on interprète ces résultats. La sensation de satiété et de faim varie considérablement d'un pays à un autre. Les Vietnamiens n'ont certainement pas les mêmes critères que les Américains lorsqu'il s'agit de combler leurs besoins alimentaires. De plus, il existe une importante différence entre le fait de manger suffisamment et le fait de bien manger. C'est sans doute ce qui explique l'écart entre les données de la FAO et celles de la GIA. Ces deux mesures complémentaires n'en sont pas moins utiles pour nous aider à mieux comprendre le phénomène de la disette.

▰ Le profil des gens souffrant de la faim

La faim n'est pas un phénomène isolé ; elle découle souvent d'un faible niveau de scolarité et de revenu. Pour nous en assurer, nous avons tenté de dresser le portrait des répondants qui souffrent de la faim en examinant les caractéristiques qui les distinguent de ceux qui n'en souffrent pas.

Conformément aux données du PAM, celles du sondage de la GIA révèlent que le phénomène touche davantage les femmes (19 %) que les hommes (16 %), sans différence d'âge vraiment notable (voir le tableau 3).

Tableau 3

Le profil des gens souffrant de la faim, par sexe et par tranche d'âge

	Total	Hommes	Femmes	Moins de 30 ans	De 30 à 50 ans	De 51 à 65 ans	65 et plus
Souvent – parfois	18 %	16 %	19 %	18 %	19 %	17 %	14 %
Rarement – jamais	81 %	82 %	79 %	80 %	80 %	82 %	83 %
Ne sait pas/Ne s'applique pas	2 %	2 %	2 %	2 %	2 %	1 %	2 %

Source : Gallup International Association, sondage *Voice of the People 2005.*

Plus les répondants sont pauvres, plus souvent ils ont faim. Par contre, le niveau de scolarité n'a pas vraiment d'impact, comme l'indique le tableau 4.

Tableau 4

Le profil des gens souffrant de la faim, par niveau de scolarité et de revenu

	Total	Pas d'instruction	Études secondaires	Études collégiales ou universitaires	Faible revenu	Revenu moyen	Revenu élevé
Souvent – parfois	18%	20%	17%	17%	24%	17%	8%
Rarement – jamais	81%	79%	81%	82%	74%	82%	91%
Ne sait pas/Ne s'applique pas	2%	2%	2%	1%	2%	1%	1%

Source: Gallup International Association, sondage *Voice of the People 2005.*

Les musulmans (29%) et les chrétiens orthodoxes (29%) sont relativement plus nombreux à ne pas manger à leur faim que les hindous (3%), les juifs (4%) et les bouddhistes (5%) (voir le tableau 5).

Tableau 5

Le profil des gens souffrant de la faim, par religion

	Total	Musulmans	Russes orthodoxes	Protes-tants	Catho-liques	Autres chrétiens	Boud-dhistes	Juifs	Hindous	Aucune religion
Souvent – parfois	18%	29%	29%	19%	18%	16%	5%	4%	3%	9%
Rarement – jamais	81%	66%	68%	80%	81%	83%	92%	95%	95%	88%
Ne sait pas/Ne s'applique pas	2%	5%	4%	0%	1%	1%	3%	0%	2%	3%

Source: Gallup International Association, sondage *Voice of the People 2005.*

La faim dans le contexte sociopolitique

Il semble donc que la sous-alimentation soit plus ou moins attribuable à la pauvreté. Précisons toutefois qu'il ne s'agit pas que d'une pauvreté matérielle. La criminalité, par exemple, est un problème plus important pour les gens qui souffrent de la faim : 68 % d'entre eux estiment que c'est un problème «de plus en plus grave dans leur communauté», une opinion que partagent seulement 57 % des personnes bien nourries.

Si la tendance générale est au scepticisme par rapport à la démocratie, les mal-nourris sont encore plus pessimistes : seulement 26 % d'entre eux croient que leur pays est gouverné selon la volonté du peuple. Et qu'ils soient riches ou pauvres, affamés ou bien nourris, les répondants sont aussi cyniques à propos de leurs dirigeants. Seul un tiers d'entre eux pensent que le gouvernement mérite leur confiance.

Malgré leurs doutes à l'égard de la démocratie, la majorité des gens qui mangent à leur faim sont «en général satisfaits» de ce régime (69 %) et conviennent qu'«il demeure le meilleur système de gouvernement» (82 %). Ce sont là des opinions que partagent seulement 57 % et 64 % des mal-nourris.

Pour les gens affamés, la liberté est loin d'être tenue pour acquise, et pour cause : contrairement aux répondants bien nourris, la plupart des gens qui souffrent de la faim vivent dans des pays où le gouvernement et les autres institutions ont une influence indue sur le processus électoral. Il n'est donc pas étonnant de constater que près des deux tiers d'entre eux sont d'avis que les élections dans leur pays ne sont pas libres et justes.

Enfin, peu importe qu'ils souffrent de la faim ou non, les répondants ne voient pas l'avenir d'un bon œil en ce qui concerne l'écart entre riches et pauvres : 87 % des premiers et 85 % des seconds pensent que cet écart ira en s'agrandissant.

Les priorités

Pour les gens souffrant de malnutrition comme pour les gens bien nourris, la pauvreté est le problème mondial numéro un, suivi du terrorisme (voir le tableau 6). On ne s'étonnera pas de constater qu'une plus grande proportion du premier groupe accorde ensuite la priorité à la lutte contre la pauvreté.

Tableau 6

La priorité des problèmes mondiaux en fonction de la faim

Q. Quel est, selon vous, le plus grand problème dans le monde à l'heure actuelle ?

Q. Au cours des 12 derniers mois, y a-t-il eu des moments où vous et/ou votre famille n'avez pas eu assez à manger ?

	Fréquence de la faim				
	Souvent (%)	Parfois (%)	Rarement (%)	Jamais (%)	Total (%)
Pauvreté	39	30	28	24	26
Terrorisme	7	9	11	14	12
Chômage	12	12	10	8	9
Guerres et conflits	6	6	5	9	8
Problèmes économiques	4	9	10	7	7
Problèmes environnementaux	2	3	4	7	6
Drogues et abus de drogues	4	4	6	5	5
Mondialisation/commerce mondial inéquitable	4	10	2	3	4
VIH/sida et autres enjeux liés à la santé	4	5	5	4	4
Crime	4	3	6	4	4
Corruption	4	4	6	5	4

Source : Gallup International Association, sondage *Voice of the People 2005.*
Note : Les données significatives sont en rouge.

Puisque le chômage et les difficultés économiques peuvent être à l'origine de la pauvreté, il n'est pas étonnant de constater que ces problèmes sont aussi prioritaires pour la population mondiale. La réduction du taux de chômage et l'amélioration des conditions économiques – des mesures permettant d'éradiquer la pauvreté – sont donc des objectifs plus importants qu'il n'y paraît à première vue.

Conclusion

La faim est un problème majeur qui touche particulièrement les femmes et les enfants, et qui s'aggrave de jour en jour.

Bien que la faim aille de pair avec la pauvreté, elle sévit dans toutes les régions du monde, y compris dans des sociétés industrialisées et prospères comme les États-Unis, la Grèce et le Mexique ; mais, étonnamment, elle fait moins de ravages, selon la perception des répondants au sondage, dans des pays pauvres comme le Sénégal, le Paraguay et le Vietnam.

Les résultats du sondage *Voice of the People* de la GIA confirment les faits recueillis par d'importants organismes tels que l'Organisation des Nations unies pour l'alimentation et l'agriculture (FAO) et le Programme alimentaire mondial (PAM). Nous savons maintenant que 18% de la population mondiale souffre quotidiennement de la faim, tandis que, selon d'autres enquêtes, une vaste majorité mange peut-être assez, mais pas nécessairement bien.

LA FAIM DANS LE MONDE : LE CANADA, UN PAYS PRIVILÉGIÉ

- Le Canada est l'un des pays les plus riches du monde. Seulement 5 % de la population n'a pas mangé suffisamment au cours des 12 mois précédant le sondage. Comparativement, à l'échelle mondiale, c'est le cas de plus de 1 personne sur 6 (18 %).

- La région du monde où la population souffre le plus de la faim est l'Afrique ; 44 % de la population affirme ne pas avoir mangé à sa faim (parfois ou souvent) au cours des 12 derniers mois.

Tableau 7

Le pourcentage des gens n'ayant pas mangé suffisamment (parfois ou souvent) au cours des 12 derniers mois

Québec	5 %
Canada	5 %
Monde	18 %
Afrique	44 %

Source : Gallup International Association, sondage *Voice of the People 2005.*

- La FAO recommande la consommation de 2 100 calories par jour pour être en santé et mener une vie active. En moyenne, les Canadiens en consomment 3 589. Le Canada arrive au 20e rang des pays sondés dont la proportion de ceux qui ne mangent pas toujours à leur faim est la plus faible.

À propos de l'auteur

Henk Foekema
TNS NIPO, Pays-Bas
henk.foekema@tns-nipo.com

Après avoir étudié l'économie, Henk Foekema a joint les rangs de TNS NIPO, la plus importante maison de sondages aux Pays-Bas, où il a participé à l'élaboration et à la réalisation d'enquêtes sociales. À ce titre, il a coordonné d'importants projets et couvert de nombreuses élections. Toujours au sein de TNS NIPO, il a mis sur pied un service de recherche marketing sur les soins de santé.

Il a écrit de nombreux articles et cosigné plusieurs livres.

CHAPITRE 6

Le bénévolat : un message d'espoir

Ricardo Hermelo et Constanza Cilley
TNS Gallup, Argentine

Le sondage *Voice of the People 2005* révèle que près de 3 personnes sur 10 ont fait du travail bénévole au cours des 12 derniers mois. C'est en Amérique du Nord, puis en second lieu en Afrique, qu'on dénombre le plus grand nombre de bénévoles, et en Europe de l'Est et au Moyen-Orient qu'on en compte le moins. Cependant, les disparités régionales sont importantes et certains pays s'écartent considérablement de la moyenne régionale.

Il semble n'exister aucun lien entre la richesse ou la pauvreté d'un pays et l'importance du bénévolat. Ainsi, des pays développés et en développement affichent des pourcentages élevés de bénévoles.

Si l'analyse sociodémographique n'a révélé aucune différence en fonction du sexe, elle a toutefois montré que le bénévolat augmente en fonction de la scolarité et du revenu. La religion entre également en ligne de compte : les protestants, les « autres » chrétiens et les juifs étaient plus nombreux à faire du bénévolat, contrairement aux chrétiens orthodoxes et aux musulmans.

Chose intéressante, on a constaté des taux de bénévolat plus élevés chez les gens qui se disaient satisfaits de la démocratie (ceux qui estiment que la démocratie est le meilleur système de gouvernement) et favorables à l'immigration dans leur pays.

Par ailleurs, le cas de l'Argentine donne à penser que le travail bénévole a progressé pendant la crise économique de 2001-2002, pour revenir à la « normale » une fois la crise résorbée.

L'importance du bénévolat dans le monde

Nous désignons par travail bénévole ou bénévolat les efforts de millions de personnes partout dans le monde qui, de leur plein gré, offrent leur temps à d'autres sans recevoir de salaire en échange. Le bénévolat se définit par les caractéristiques suivantes : *a*) son caractère volontaire, soit une activité accomplie librement, sans coercition ; *b*) l'absence de rémunération ; et *c*) le fait que le bénéficiaire de l'action est une personne autre que le bénévole. En ce sens, le bénévolat constitue une véritable forme de participation sociale et un acte altruiste.

Depuis quelques années, la communauté internationale reconnaît l'importance des liens entre les actions bénévoles et les solutions aux problèmes mondiaux. Grâce à des institutions gouvernementales, des sommets mondiaux et des partenariats internationaux, un ensemble de lois, de résolutions et d'autres formes de soutien au bénévolat ont vu le jour[1].

De même, on a largement exploré le lien qui existe entre le bénévolat et la réalisation des objectifs du Millénaire des Nations unies. Beaucoup de bénévoles participent à des initiatives se rapportant à ces objectifs. En effet, c'est grâce au militantisme de millions de bénévoles que les enjeux figurant dans les objectifs du Millénaire sont désormais inscrits à l'ordre du jour mondial. Selon le sondage *Voice of the People 2005,* le monde entier reconnaît qu'il faut accorder la priorité la plus élevée à l'éradication de la pauvreté et de la faim.

Le bénévolat semble apparenté à ce qu'on a appelé le «troisième pilier», celui qui regroupe les nombreuses organisations gravitant autour de l'État et du marché, par exemple les organismes sans but lucratif et les organisations non gouvernementales (ONG). Dans des éditions précédentes du sondage, nous avions constaté que, par rapport aux institutions traditionnelles, les gens accordaient aux ONG une confiance élevée. Dans la version 2005 de l'enquête, l'un des objectifs visait à mesurer la proportion de citoyens qui, au sein de chaque société, avait fait du travail bénévole dans la dernière année.

Les résultats du sondage *Voice of the People* au sujet du bénévolat

Le sondage posait la question suivante : «Au cours des 12 derniers mois, avez-vous effectué du travail bénévole, c'est-à-dire consacré du temps à travailler pour un organisme sans recevoir de salaire en échange ? (*Lire* : paroisses, églises, associations scolaires, de santé, de solidarité, sportives, coopératives, syndicats, associations professionnelles, groupes écologistes, etc.)»

Tableau 1

Le pourcentage de répondants ayant fait du bénévolat dans la dernière année – Résultats mondiaux

Q. Au cours des 12 derniers mois, avez-vous effectué du travail bénévole, c'est-à-dire consacré du temps à travailler pour un organisme sans recevoir de salaire en échange ?

Oui	28%
Non	71%
Ne sait pas/Ne s'applique pas	1%

Source : Gallup International Association, sondage *Voice of the People 2005.*

À l'échelle mondiale, les résultats montrent que près de 3 personnes sur 10 (28%) ont fait du bénévolat au cours des 12 derniers mois (voir le tableau 1). L'analyse régionale révèle cependant des disparités très nettes.

▬ Les variations régionales

C'est en Amérique du Nord que le travail bénévole est le plus répandu, près de la moitié des répondants (45%) ayant mentionné avoir fait du bénévolat dans les 12 derniers mois (voir la figure 1). Mais les résultats montrent que le bénévolat est aussi répandu dans des régions du monde moins développées. En Afrique, par exemple, 4 adultes sur 10 ont travaillé gracieusement pour autrui au cours de la dernière année.

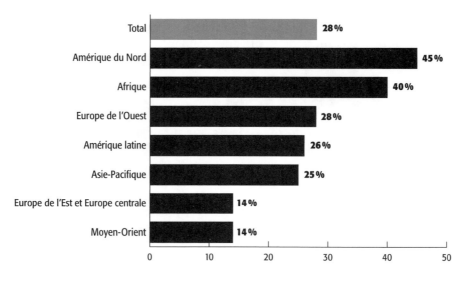

Figure 1

Le pourcentage de répondants ayant fait du bénévolat dans la dernière année, par région

Source: Gallup International Association, sondage *Voice of the People 2005.*

L'Europe présente des différences intéressantes. Les Européens de l'Ouest sont deux fois plus nombreux à faire du bénévolat que les Européens de l'Est (28% contre 14%). En fait, c'est en Europe de l'Est et au Moyen-Orient que se trouve le plus faible pourcentage de bénévoles (14% pour chacune de ces régions).

Certaines régions présentent des résultats homogènes, dont l'Amérique du Nord, où les Canadiens (57%) et les Américains (44%) sont nombreux à faire du bénévolat (voir le tableau 2).

Tableau 2

Le pourcentage de bénévoles, par pays

Q. Au cours des 12 derniers mois, avez-vous effectué du travail bénévole, c'est-à-dire consacré du temps à travailler pour un organisme sans recevoir de salaire en échange ?

Pays	Oui	Non	Pays	Oui	Non
MONDE	**28 %**	**71 %**	Guatemala	26 %	73 %
Norvège	67 %	32 %	Italie	26 %	74 %
Canada	57 %	42 %	Malaisie	26 %	73 %
Paraguay	53 %	46 %	Singapour	26 %	74 %
Suisse	50 %	50 %	Taiwan	26 %	74 %
Islande	49 %	50 %	Venezuela	26 %	74 %
Panama	49 %	51 %	Japon	25 %	74 %
Togo	49 %	50 %	Moldavie	25 %	69 %
Vietnam	48 %	52 %	Hong-Kong	24 %	75 %
Nigeria	47 %	52 %	Mexique	24 %	76 %
Irlande	46 %	53 %	République tchèque	23 %	76 %
Pays-Bas	46 %	53 %	Argentine	22 %	77 %
Thaïlande	46 %	54 %	Indonésie	22 %	78 %
Costa Rica	45 %	54 %	Corée	22 %	78 %
Nicaragua	45 %	55 %	Bolivie	20 %	79 %
États-Unis	44 %	56 %	Pérou	19 %	81 %
Kenya	43 %	52 %	Serbie	19 %	77 %
République dominicaine	42 %	58 %	Ukraine	19 %	77 %
Israël	38 %	62 %	Autriche	17 %	73 %
Finlande	37 %	57 %	Égypte	17 %	81 %
Cameroun	36 %	63 %	Lituanie	16 %	84 %
Danemark	35 %	64 %	Pakistan	15 %	69 %
Ghana	35 %	65 %	Portugal	15 %	83 %
Philippines	33 %	67 %	Russie	15 %	84 %
Uruguay	33 %	66 %	Afrique du Sud	15 %	85 %
France	30 %	69 %	Bosnie	14 %	86 %
Royaume-Uni	30 %	70 %	Kosovo	13 %	84 %
Allemagne	29 %	71 %	Croatie	12 %	88 %
Grèce	29 %	71 %	Espagne	11 %	87 %
Sénégal	29 %	63 %	Roumanie	10 %	87 %
Équateur	28 %	71 %	Macédoine	9 %	90 %
Inde	28 %	71 %	Turquie	9 %	88 %
Colombie	27 %	72 %	Bulgarie	6 %	92 %
Ethiopie	27 %	71 %	Pologne	4 %	92 %

Source : Gallup International Association, sondage *Voice of the People 2005.*

D'autres régions, cependant, affichent des résultats plus contrastés : en Europe de l'Ouest, la Norvège fait bande à part, avec 67 % de travailleurs bénévoles, soit le pourcentage le plus élevé non seulement de l'Europe de l'Ouest, mais aussi du monde. Dans des pays comme la Suisse, l'Islande, l'Irlande et les Pays-Bas, près de la moitié des répondants dit avoir fait du bénévolat au cours des 12 derniers mois. Également, la Finlande, le Danemark, la France, le Royaume-Uni, l'Allemagne et la Grèce dégagent des résultats supérieurs à la moyenne mondiale. En revanche, ce n'est pas le cas de l'Italie, de l'Autriche, du Portugal et, plus particulièrement, de l'Espagne. En Europe de l'Est, aucun pays ne se hisse jusqu'à la moyenne mondiale et c'est dans cette région du monde qu'on retrouve les trois pays – Pologne, Macédoine et Bulgarie – où la pratique du bénévolat est la moins répandue (résultats inférieurs à 10 %).

En Amérique latine, le Paraguay ainsi qu'un ensemble des pays voisins des Antilles – Panama, Costa Rica, Nicaragua et République dominicaine – abritent le plus grand nombre de bénévoles dans la région (de 42 % à 53 %), tandis qu'au Pérou, en Bolivie et en Argentine, ils sont deux fois moins nombreux (de 19 % à 22 % seulement).

Dans la région Asie-Pacifique, le plus grand nombre de bénévoles se trouve au Vietnam et en Thaïlande (48 % et 46 %, respectivement), et le plus petit nombre, au Pakistan, en Inde et en Corée (de 15 % à 28 %).

En Afrique, le bénévolat se pratique le plus chez les Togolais, les Nigérians et les Kényans (plus de 40 % des répondants), et le moins chez les Sud-Africains (15 %).

Au Moyen-Orient, Israël, avec un résultat de 38 %, contraste nettement avec la Turquie (9 %).

■ La relation entre le bénévolat et l'économie

Existe-t-il un lien entre le développement économique d'un pays et la propension de ses citoyens à faire du bénévolat ? Selon le sondage *Voice of the People 2005,* la réponse est non. Rien ne permet d'établir, dans les faits, un lien entre la richesse ou la pauvreté d'un pays et l'importance du bénévolat. D'une part, on trouve des pourcentages élevés de bénévoles dans des économies développées (par exemple, en Norvège, en Suisse, au Canada, en Islande, en Irlande, aux Pays-Bas et aux États-Unis) et moins développées (par exemple, au Paraguay, au Panama, au Nicaragua, au Costa Rica, en République dominicaine, au Togo, au Nigeria, au Kenya, en Thaïlande et au Vietnam). Et, d'autre part, on trouve de faibles pourcentages dans des pays développés (par exemple, en Espagne, en Autriche et au Portugal) et dans des pays où le PIB par habitant est peu élevé (en Pologne, en Turquie, en Macédoine, en Roumanie et en Bulgarie).

Figure 2

La relation entre le bénévolat et le développement économique

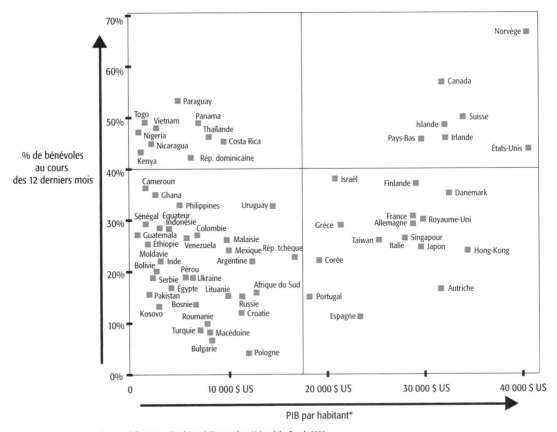

Source : Gallup International Association, sondage *Voice of the People 2005*.

* Les données de PIB sont tirées de l'ouvrage *The World Factbook* (gouvernement américain, Central Intelligence Agency, 2005). Pour le consulter en ligne : www.cia.gov/cia/publications/factbook/.

▬ Les aspects sociodémographiques du bénévolat

L'analyse des variables sociodémographiques fait ressortir des résultats intéressants, notamment que le travail bénévole ne présente aucune différence en fonction du sexe, c'est-à-dire que les hommes sont aussi nombreux que les femmes à faire du bénévolat (28 %).

Il en va autrement pour l'âge : on compte un peu moins de bénévoles chez les répondants âgés de moins de 30 ans et encore moins dans le groupe d'âge des plus de 65 ans (voir la figure 3).

Figure 3

Le pourcentage de bénévoles, par groupe d'âge

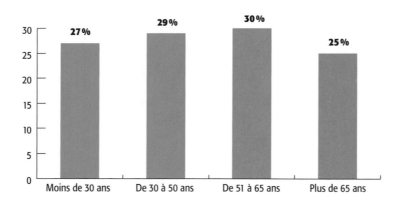

Source : Gallup International Association, sondage *Voice of the People 2005.*

L'analyse du niveau de scolarité montre clairement que le taux de bénévolat augmente en fonction de la scolarité (de 23 % à 39 %). L'éducation joue donc un rôle important dans le bénévolat (voir la figure 4).

Figure 4

Le pourcentage de bénévoles, par niveau de scolarité

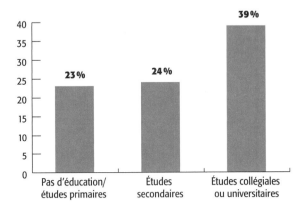

Source : Gallup International Association, sondage *Voice of the People 2005.*

Malgré l'absence de corrélation entre le bénévolat et le PIB par habitant, on constate un plus grand nombre de bénévoles dans les groupes à revenu élevé. On pourrait conclure, dans l'ensemble, que les bien nantis sont portés à donner davantage. Cependant, l'analyse des différences dans le revenu familial au sein des régions dégage des résultats contradictoires. Dans la plupart des régions, on trouve plus de bénévoles dans les groupes à revenu élevé (voir le tableau 3). Mais cette tendance ne se manifeste pas dans deux régions, à savoir l'Amérique latine (où le bénévolat est plus répandu dans les classes moyennes) et l'Europe de l'Est et l'Europe centrale (où il n'y a pas de différence importante entre les classes).

On aurait pu croire que les contraintes de temps nuiraient au bénévolat, mais les résultats ne vont pas dans ce sens, car 31 % des personnes qui travaillent font du bénévolat, tout comme 29 % des personnes sans emploi ou au chômage, 25 % des personnes ne travaillant pas et 23 % des personnes à la retraite (il y aurait lieu d'analyser ce dernier chiffre en tenant compte également de l'âge).

131

Tableau 3

Le pourcentage de bénévoles en fonction du revenu familial

	Total	Revenu faible	Revenu moyen	Revenu élevé
MONDE	**28 %**	**24 %**	**31 %**	**36 %**
Amérique du Nord	45 %	37 %	46 %	62 %
Afrique	40 %	34 %	41 %	51 %
Europe occidentale	28 %	27 %	29 %	32 %
Amérique latine	26 %	23 %	33 %	27 %
Asie-Pacifique	25 %	23 %	26 %	34 %
Moyen-Orient	14 %	9 %	19 %	40 %
Europe de l'Est et Europe centrale	14 %	14 %	16 %	1 %

Source : Gallup International Association, sondage *Voice of the People 2005.*

■ La religion et le bénévolat

Certaines religions favorisent-elles le bénévolat ? Comme on le voit à la figure 5, 3 groupes se distinguent : les protestants, les « autres » chrétiens et les juifs comptent le plus grand nombre de bénévoles, avec 4 personnes sur 10 mentionnant avoir fait du bénévolat dans la dernière année. Viennent ensuite les bouddhistes et les catholiques, avec près de 3 travailleurs bénévoles sur 10 personnes, puis les musulmans et les Russes orthodoxes, avec seulement 2 bénévoles sur 10 personnes.

■ La démocratie et le bénévolat

Il existe également un lien entre les valeurs démocratiques et le travail bénévole. Ainsi, on dénombre plus de bénévoles parmi les gens qui se disent satisfaits de la démocratie et croient qu'il s'agit du meilleur système de gouvernement.

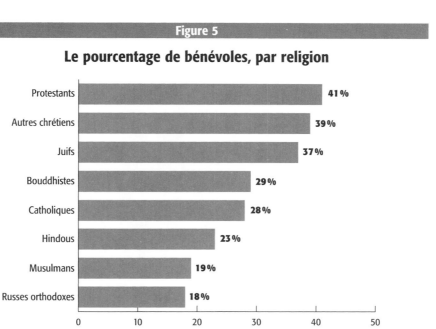

Figure 5

Le pourcentage de bénévoles, par religion

Source : Gallup International Association, sondage *Voice of the People 2005.*

La crise économique argentine et le bénévolat

Des enquêtes réalisées en Argentine en 1997, 1998 et 1999 ont montré qu'environ 20 % de la population faisait du bénévolat (voir la figure 6). De 2000 à 2002, cependant, ce pourcentage a augmenté, atteignant 32 % en 2002. Cette hausse est intéressante dans la mesure où l'Argentine traversait à l'époque une crise économique, qui a explosé à la fin de 2001 et dont les pires effets se sont fait sentir en 2002. Il semble donc que la crise ait incité plus de gens à faire du bénévolat. Mais après 2002, la situation revenant peu à peu à la normale, le nombre de bénévoles a diminué pour s'établir en 2005 presque au niveau d'avant la crise.

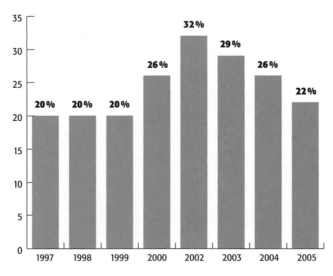

Figure 6

Le pourcentage de bénévoles en Argentine, 1997-2005

Source : Gallup Argentine, sondages réalisés de 1997 à 2005.
Note : Aucune donnée pour 2001.

Un message d'espoir

Le bénévolat est une tendance mondiale et globale, mondiale parce qu'il se pratique dans toutes les régions du monde et globale parce qu'il se pratique dans toutes les classes socioéconomiques (voir la figure 7).

Figure 7

Le pourcentage de personnes ayant fait du travail bénévole au cours des 12 derniers mois, par continent

Source : Gallup International Association, sondage *Voice of the People 2005.*

Pour favoriser la reconnaissance du travail bénévole au sein de nos sociétés, il faut poursuivre les recherches sur la nature et l'incidence du bénévolat, car celles-ci montrent non seulement que le bénévolat représente une valeur économique importante, mais aussi qu'il contribue à la cohésion et à l'unité sociales, surtout dans des situations conflictuelles et postconflictuelles. La GIA poursuivra ses enquêtes sur la question et encourage d'autres organisations à en faire autant, afin de démontrer aux gouvernements et autres décideurs que le bénévolat est une importante force sociale, qui mérite leur appui.

Note

1. À ce titre, voir deux rapports des Nations unies : *Année internationale des volontaires : résultats et perspectives,* rapport du secrétaire général, A/57/352, 24 septembre 2002, Assemblée générale des Nations unies ; et *Appui au volontariat,* rapport du secrétaire général, A/56/288, 14 août 2001, Assemblée générale des Nations unies. Voir également les résolutions suivantes : ***Suivi de l'Année internationale des volontaires 2001,*** A/60/128 ; et *Coopération internationale pour la prévention et la gestion des catastrophes naturelles transfrontalières et de leurs effets sur les régions concernées,* 108ᵉ Conférence, Santiago du Chili, 11 avril 2003. Voir également quelques conférences portant sur cette question : le Sommet mondial sur le développement durable, à Johannesburg, qui a eu lieu du 26 août au 4 septembre 2002, et la Deuxième Assemblée mondiale sur le vieillissement, à Madrid, qui s'est tenue du 8 au 12 avril 2002.

2 FOIS PLUS
DE BÉNÉVOLES AU CANADA

- L'entraide est une valeur importante aux yeux des Canadiens: 57% des répondants du pays disent avoir fait du travail bénévole au cours de la dernière année. À l'échelle mondiale, la proportion de bénévoles s'établit à 28%. Le Canada vient au deuxième rang, après la Norvège (67%).

Tableau 4

Le pourcentage de personnes ayant fait du bénévolat au cours de la dernière année

Q. Au cours des 12 derniers mois, avez-vous effectué du travail bénévole, c'est-à-dire consacré du temps à travailler pour un organisme sans recevoir de salaire en échange?

	Oui	Non
Québec	48%	52%
Canada	57%	42%
Monde	28%	71%

Source: Gallup International Association, sondage *Voice of the People 2005.*

- Considérant le niveau de vie des Canadiens, dont le revenu annuel par habitant est supérieur à 30 000$ US, il n'est pas étonnant de constater que le Canada figure parmi les pays où le bénévolat est très répandu. Il en va de même pour d'autres pays économiquement forts, dont la Norvège, l'Irlande, la Suisse et les États-Unis. Cependant, trois pays dont le revenu par habitant est également élevé, à savoir le Danemark, l'Australie et Hong-Kong, affichent des taux de bénévolat nettement moins élevés.

- Par rapport aux autres provinces canadiennes, la population du Québec fait moins de travail bénévole (48%).

À propos des auteurs

Constanza Cilley
TNS Gallup, Argentine
constanza.cilley@tns-gallup.com.ar

Entrée il y a cinq ans au service de TNS Gallup Argentine, une maison de sondage internationale avant-gardiste, Constanza Cilley est directrice de Gallup International Association Omnibus. Titulaire d'une licence en droit de l'université catholique d'Argentine, elle prépare actuellement son mémoire en vue de l'obtention d'une maîtrise en sociologie. Elle a participé aux deux dernières éditions du sondage *Voice of the People,* à titre de directrice de la recherche.

Ricardo Hermelo
TNS Gallup, Argentine
ricardo.hermelo@tns-gallup.com.ar

Ricardo Hermelo, sociologue, travaille à TNS Gallup Argentine depuis 20 ans et occupe actuellement le poste de directeur au sondage et à la recherche sociale. Après avoir obtenu son diplôme en sociologie, il a suivi plusieurs séminaires spécialisés à Madrid.

CHAPITRE 7

Méfiance à l'égard des dirigeants

Kevin Meyer
Opinion Research, Taiwan

C'est la voix du peuple qui doit résonner à l'oreille du leader.

– Woodrow Wilson

En 2004, la Gallup International Association a réalisé un autre vaste sondage pour le Forum économique mondial (FEM) portant sur la satisfaction des citoyens à l'égard des dirigeants.

Globalement, les répondants du monde entier se montrent plutôt critiques envers les dirigeants politiques et les chefs d'entreprise.

Les taux d'insatisfaction des répondants varient considérablement, allant de 74 % au Pérou à 12 % seulement en Malaisie. L'insatisfaction ne se limite pas à certaines régions du globe ni aux pays plus ou moins démocratiques et favorables à la liberté de presse, mais est présente dans des pays très développés comme dans d'autres qui le sont beaucoup moins.

Dans le présent chapitre, nous cernerons quelques facteurs pouvant contribuer à la désillusion qu'éprouvent les gens à l'endroit des dirigeants, puis nous les nuancerons selon les régions et les pays, et finalement, nous identifierons quelques défis auxquels les dirigeants pourraient s'attaquer de manière à rétablir la confiance et à ouvrir la voie à des relations plus harmonieuses.

Introduction

Leaders mondiaux, tendez l'oreille : les citoyens du monde vous ont donné un vote de «non-confiance». Voilà la conclusion qui ressort clairement de l'enquête exclusive du Forum économique mondial réalisée par la Gallup International Association.

À cet égard, voici les commentaires de Klaus Schwab, président et fondateur du FEM : «Les résultats de cette vaste enquête mondiale envoient un message on ne peut plus clair aux leaders du monde. Partout sur la planète, les citoyens sont insatisfaits de leurs dirigeants et s'attendent à beaucoup plus de leur part. Ils veulent des gens capables de prendre des décisions courageuses et valables à long terme, et d'agir dans le meilleur intérêt de l'ensemble des citoyens.»

L'enquête de 2004 effectuée dans 61 pays et portant sur les perceptions et les attentes des citoyens à l'égard de leurs leaders aurait été impossible à mener il y a seulement quelques années à cause de nombreuses restrictions et inter-dictions. Aujourd'hui, seulement quelques pays, comme la Chine, le Vietnam ou l'Égypte, nous empêchent de recueillir l'opinion des citoyens envers leurs dirigeants, tandis que d'autres tels que le Pakistan, l'Inde, l'Albanie, Honk-Kong, la Russie et la plupart des pays de l'Europe de l'Est sont plus ouverts et permissifs.

▄ Les communications dans un monde en transformation

Le monde change à une vitesse effarante. Les télécommunications et les tech-nologies modernes constituent indéniablement le moteur de ces change-ments et donnent à un nombre de gens toujours plus grand la possibilité de s'exprimer. La télédiffusion internationale, par l'intermédiaire de la télévision par câble et par satellite, d'Internet et maintenant des blogues, a transformé à jamais l'activité politique et commerciale en donnant une nouvelle cons-cience à nos actions et en forçant la transparence et la responsabilité. La tentation d'étouffer les scandales et de cacher les motifs politiques persiste toujours, mais la dissimulation devient de plus en plus difficile, étant donné la vitesse et l'omniprésence des technologies. Voici quelques exemples d'irrégularités portées à la connaissance du public grâce aux nouvelles technologies de communications :

- **Dans le monde politique** : Des renseignements peu fiables concernant les armes de destruction massive en Irak ; la précipitation de l'ancien Parti populaire espagnol à condamner le mouvement séparatiste basque (ETA) pour les attentats ferroviaires.

- **Dans le monde des affaires** : La vague récente de scandales financiers notoires aux États-Unis (Enron, Tyco, Worldcom, Martha Stewart), en Italie (Parmalat), en Allemagne (cinq des plus grandes sociétés – BMW, Volkswagen, DaimlerChrysler, Infineon et Commerzbank) et en Russie (la mégapétrolière Yukos).

Cependant, l'abondance d'information est si importante que les nouvelles, les reportages et les discours politiques tendent de plus en plus à susciter la peur, qu'il s'agisse de la peur du terrorisme, du réchauffement de la planète, de l'instabilité politique, etc.

On ne peut faire autrement que de reconnaître le rôle joué par les médias internationaux dans la chute du communisme en Europe de l'Est et dans la multiplication des démocraties (aujourd'hui trois fois plus nombreuses qu'il y a trois décennies), d'où l'avènement d'une liberté de presse de plus en plus grande. Malgré les opinions divergentes sur la mondialisation, on doit admettre que nous habitons désormais un village planétaire.

Voici ce qu'écrit Thomas L. Friedman, dans son best-seller *The World Is Flat* : « Dès le moment où l'on envisage un monde nivelé, bien des choses prennent un sens nouveau. Mais personnellement, je m'enthousiasme devant le nivellement du monde, car cela signifie que tous les centres du savoir de la planète sont maintenant branchés à un réseau mondial unique qui, si la politique et le terrorisme ne viennent pas le perturber, pourrait marquer le début d'une ère de prospérité et d'innovation incroyables. »

Mais la démocratie et la mondialisation suffiront-elles pour que les citoyens accordent leur confiance aux politiciens et leur manifestent leur bonne volonté ? Les libertés et les valeurs démocratiques dont profitent les citoyens se reflètent-elles dans la confiance accordée aux dirigeants ? Sinon, quels facteurs peuvent expliquer le désillusionnement actuel ?

Par notre analyse, nous cherchons à cerner les principaux facteurs qui engendrent l'insatisfaction des citoyens envers les politiciens et les chefs d'entreprise, puis nous formulons des suggestions qui pourraient amener les leaders mondiaux à établir un meilleur rapport de confiance et d'harmonie avec les citoyens qu'ils gouvernent.

L'opinion du monde sur le leadership

Plus de la moitié des répondants expriment des critiques à l'endroit de leurs chefs politiques : plus de 6 répondants sur 10 mentionnent que les politiciens sont «malhonnêtes» et la majorité d'entre eux croient qu'ils «manquent d'éthique» (voir la figure 1). De même, un nombre important de répondants estiment que les politiciens et les chefs d'entreprise «ont trop de pouvoir et de responsabilités» et «cèdent sous la pression de personnalités plus puissantes qu'eux».

▰ La corrélation entre l'insatisfaction à l'égard des politiciens et des chefs d'entreprise

Bien que les six énoncés soumis à l'évaluation des répondants n'obtiennent pas des résultats homogènes, on constate une forte corrélation entre les perceptions à l'égard des politiciens et celles à l'égard des chefs d'entreprise. En effet, les répondants se montrant critiques envers les premiers sont généralement aussi critiques envers les seconds, tout comme ils le sont à l'égard des six autres énoncés portant sur l'éthique, la compétence et les responsabilités des dirigeants.

Comme ces six énoncés dénotent une «insatisfaction», nous avons créé une valeur d'insatisfaction moyenne à l'égard des politiciens et des chefs d'entreprise afin de faire ressortir les principaux groupes démographiques et socio-économiques, les régions et les pays qui affichent la désillusion la plus grande (indice d'insatisfaction).

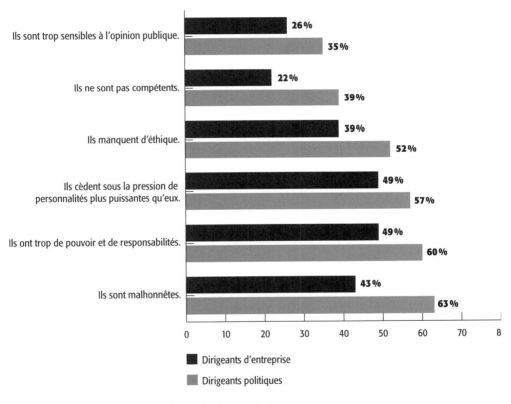

Figure 1

L'insatisfaction à l'égard des leaders – Résultats mondiaux

Q. Selon vous, quels énoncés s'appliquent aux…
… dirigeants d'entreprise ?
… dirigeants politiques ?

Source : Gallup International Association 2004.

■ Un aperçu de l'insatisfaction envers les dirigeants

Comme le montre l'analyse des variables démographiques et socio-économiques, un sérieux avertissement est servi aux dirigeants du monde, surtout de la part des jeunes (taux d'insatisfaction à l'égard des politiciens et

143

des chefs d'entreprise de 55 % et de 40 % respectivement) et des ménages à faible revenu (taux d'insatisfaction de 55 % et de 39 %), ces deux groupes exprimant des niveaux d'insatisfaction élevés (voir le tableau 1).

Tableau 1

L'insatisfaction à l'égard des politiciens et des chefs d'entreprise – Résultats mondiaux

	Moyenne mondiale	Âge				Revenu familial		
		Moins de 30 ans	De 30 à 50 ans	De 51 à 65 ans	Plus de 65 ans	Faible	Moyen	Élevé
Insatisfaction - Politiciens	51 %	55 %	52 %	49 %	40 %	55 %	52 %	50 %
Insatisfaction - Chefs d'entreprise	38 %	40 %	39 %	36 %	32 %	39 %	40 %	36 %
Insatisfaction moyenne	45 %	47 %	46 %	42 %	36 %	47 %	46 %	43 %

Source : Gallup International Association 2004.

Une analyse plus approfondie révèle également que les répondants de certaines régions se montrent davantage insatisfaits de leurs dirigeants. L'Amérique latine (taux d'insatisfaction de 74 % et de 45 % pour les politiciens et les chefs d'entreprise, respectivement), le sous-continent indien (68 % et 50 %) et l'Afrique (60 % et 44 %) sont les trois régions où l'on trouve les citoyens qui critiquent le plus sévèrement les politiciens et qui sont portés à critiquer également les chefs d'entreprise (voir le tableau 2).

Tableau 2

L'insatisfaction à l'égard des politiciens et des chefs d'entreprise – Moyennes régionales

	Moyenne mondiale	Europe de l'Ouest	Europe de l'Est / centrale	Afrique	Amérique du Nord	Amérique latine	Moyen Orient	Asie de l'Ouest / sous-continent indien	Asie-Pacifique
		Total	Total	Total	Total	Total	Total	Total	Total
Insatisfaction - Politiciens	51 %	42 %	34 %	60 %	49 %	74 %	40 %	68 %	57 %
Insatisfaction - Chefs d'entreprises	38 %	38 %	26 %	44 %	42 %	45 %	31 %	50 %	39 %
Insatisfaction moyenne	45 %	40 %	30 %	52 %	45 %	59 %	35 %	59 %	48 %

Source : Gallup International Association.
Note : Le Moyen-Orient ne comprend que la Turquie et Israël ; l'Asie de l'Ouest et le sous-continent indien ne comprennent que l'Inde et le Pakistan.

Dans la région Asie-Pacifique, les répondants sont insatisfaits des politiciens (57 %), mais beaucoup plus tolérants à l'égard des chefs d'entreprise (39 %). L'insatisfaction est moins grande en Amérique du Nord (49 % et 42 %) et en Europe de l'Ouest (42 % et 38 %), et les répondants les plus tolérants de tous sont ceux de l'Europe de l'Est et de l'Europe centrale (34 % et 26 %).

▄ Dans quels pays note-t-on le plus d'insatisfaction ?

Les écarts les plus grands, toutefois, surviennent non pas entre les groupes démographiques ni les régions, mais entre les pays, où l'insatisfaction moyenne à l'endroit des politiciens et des chefs d'entreprise atteint 74 % au Pérou et seulement 12 % en Malaisie (voir le tableau 3). De tels écarts ne se limitent pas à une région donnée, mais se répartissent, apparemment aléatoirement, sur l'ensemble du globe.

Parmi les 61 pays participant au sondage, 50 % ou plus des répondants de 15 pays étaient insatisfaits des politiciens et des chefs d'entreprise. Plus de la moitié des répondants de 34 pays – un nombre alarmant car il s'agit de plus de la moitié des pays participants – étaient insatisfaits de leurs dirigeants politiques.

Comment expliquer cette insatisfaction ?

À quels facteurs peut-on attribuer cette insatisfaction ? Les citoyens dont les droits politiques et civils sont brimés sont-ils plus insatisfaits des dirigeants politiques ? Les citoyens des pays où la liberté de la presse est limitée sont-ils plus satisfaits (ayant été moins influencés par les médias dans la formation de leurs opinions) ? Quel rôle la corruption joue-t-elle dans la formation des opinions ? Les citoyens de pays prospères sont-ils plus satisfaits de leurs dirigeants ?

Un examen plus approfondi du tiers des pays où l'insatisfaction est la plus grande jette un peu de lumière sur les facteurs qui semblent à l'origine de l'insatisfaction.

Tableau 3

L'indice d'insatisfaction, par pays

	Insatisfaction moyenne – Politiciens et chefs d'entreprise	Rang (du plus insatisfait au moins insatisfait)	Insatisfaction de la majorité envers les politiciens et les chefs d'entreprise		Insatisfaction moyenne – Politiciens et chefs d'entreprise	Rang (du plus insatisfait au moins insatisfait)	Insatisfaction de la majorité envers les politiciens et les chefs d'entreprise
MOYENNE MONDIALE	**45%**			Kenya	47%	31	
Pérou	74%	1	Oui	Lettonie	46%	32	
Croatie	68%	2	Oui	États-Unis	44%	33	
Équateur	65%	3		Kosovo	43%	34	
Philippines	62%	4	Oui	Argentine	43%	35	
Inde	62%	5	Oui	Japon	42%	36	
Brésil	61%	6	Oui	Roumanie	42%	37	
Mexique	61%	7		Suisse	41%	38	
Costa Rica	61%	8	Oui	Islande	40%	39	
Pologne	60%	9		Bulgarie	37%	40	
Nigeria	59%	10	Oui	Norvège	37%	41	
Allemagne	58%	11	Oui	Afrique du Sud	35%	42	
Uruguay	58%	12	Oui	Espagne	35%	43	
Venezuela	58%	13	Oui	République tchèque	35%	44	
Indonésie	57%	14	Oui	Luxembourg	35%	45	
Bolivie	56%	15	Oui	Autriche	35%	46	
Ghana	56%	16	Oui	Turquie	35%	47	
Albanie	55%	17	Oui	Danemark	34%	48	
Guatemala	55%	18		Grèce	33%	49	
Bosnie-Herzégovine	54%	19		Ukraine	33%	50	
Pakistan	54%	20	Oui	Italie	30%	51	
Corée du Sud	54%	21		France	30%	52	
Canada	53%	22		Georgie	30%	53	
Israël	52%	23		Estonie	29%	54	
Cameroun	51%	24		Finlande	27%	55	
Moldavie	51%	24		Portugal	26%	56	
Hong-Kong	51%	26		Pays-Bas	25%	57	
Macédoine	50%	27		Lituanie	22%	58	
Irlande	50%	28		Russie	22%	59	
Royaume-Uni	49%	29		Singapour	18%	60	
Taiwan	49%	30		Malaisie	12%	61	

Source : Gallup International Association.

▬ Les libertés

Selon les plus récents sondages de la maison Freedom House, les libertés politiques/civiles et la liberté de presse dans ces pays ne sont *pas* des indicateurs pertinents du degré d'insatisfaction à l'endroit des dirigeants (voir le tableau 4).

Tableau 4

Le classement des libertés dans le tiers des pays les plus insatisfaits

	Libertés politiques/civiles*	Liberté de presse†
Amérique latine		
Pérou	Liberté – 2,5	Liberté partielle – 23
Équateur	Liberté partielle – 3,0	Liberté partielle – 20
Brésil	Liberté – 2,5	Liberté partielle – 22
Mexique	Liberté – 2,0	Liberté partielle – 19
Costa Rica	Liberté – 1,0	Liberté - 44
Uruguay	Liberté – 1,0	Liberté – 31
Venezuela	Liberté partielle – 3,5	Aucune liberté – 1
Bolivie	Liberté partielle – 3,0	Liberté partielle – 26
Guatemala	Liberté partielle – 4,0	Liberté partielle – 10
Balkans		
Croatie	Liberté – 2,0	Liberté partielle – 25
Albanie	Liberté partielle – 3,0	Liberté partielle – 15
Bosnie-Herzégovine	Liberté partielle – 3,5	Liberté partielle – 18
Asie		
Philippines	Liberté – 2,5	Liberté partielle – 27
Indonésie	Liberté partielle – 3,5	Liberté partielle – 11
Sous-continent indien		
Inde	Liberté 2,5	Liberté partielle – 24
Pakistan	Aucune liberté – 5,5	Aucune liberté – 7
Europe		
Allemagne	Liberté – 1,0	Liberté – 51
Pologne	Liberté – 1,0	Liberté – 41
Afrique		
Nigeria	Liberté partielle – 4,0	Liberté partielle – 13
Ghana	Liberté – 2,0	Liberté – 35

Source : *Freedom around the World* et *Freedom of the Press,* Freedom House, Rapport annuel 2004.

* Les résultats de 20 ou moins sont présentés en rouge, car ils sont particulièrement significatifs.

† Classement de la liberté de presse dans les 61 pays participants : de la plus faible (1) à la plus grande (61).

Note : Freedom House est un organisme indépendant et sans but lucratif, voué à la promotion de la démocratie et de la liberté dans le monde.

▬ Les nantis et les démunis

La capacité des dirigeants d'assurer le bien-être économique des citoyens semble exercer une grande influence sur le taux de satisfaction.

Dans l'examen du bien-être économique des pays les plus insatisfaits de leurs dirigeants, des tendances émergent lorsque nous comparons les mesures suivantes (voir le tableau 5) :

- PIB par habitant et degré de corruption
- Revenu et endettement

Tableau 5		

Le bien-être économique et la corruption

	PIB – Tiers des pays les plus pauvres	PIB – Moitié des pays les plus pauvres
Corruption – Tiers des pays les plus corrompus	Pakistan Inde Nigeria Philippines Indonésie Bolivie Guatemala Équateur Albanie	Venezuela
Corruption – Moitié des pays les plus corrompus	Ghana Bosnie-Herzégovine Pérou	Brésil

Source : Transparency International, Corruption Perceptions Index 2004.
Les données de PIB (produit intérieur brut) proviennent de la Banque mondiale.

Selon l'indice de corruption 2004 établi par Transparency International, près des deux tiers des pays qui sont très critiques envers leurs dirigeants ont soit un des PIB par habitant parmi les plus faibles, soit un taux de corruption parmi les plus élevés.

Globalement, nous constatons que l'Uruguay et le Costa Rica se classent parmi les pays dont le PIB est faible, mais n'entrent pas dans le groupe des pays les plus corrompus.

De même, la Croatie, la Pologne et le Mexique appartiennent au groupe des pays les plus corrompus, mais non à celui des faibles PIB.

Il ne reste donc qu'un pays, l'Allemagne, où le PIB et la corruption ne peuvent expliquer à eux seuls la grande insatisfaction à l'égard des dirigeants.

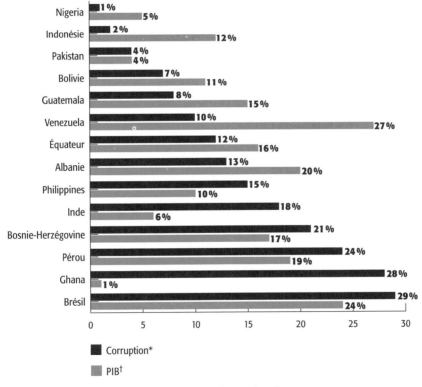

Figure 2

Le bien-être économique et la corruption

Nigeria : Corruption 1 %, PIB 5 %
Indonésie : Corruption 2 %, PIB 12 %
Pakistan : Corruption 4 %, PIB 4 %
Bolivie : Corruption 7 %, PIB 11 %
Guatemala : Corruption 8 %, PIB 15 %
Venezuela : Corruption 10 %, PIB 27 %
Équateur : Corruption 12 %, PIB 16 %
Albanie : Corruption 13 %, PIB 20 %
Philippines : Corruption 15 %, PIB 10 %
Inde : Corruption 18 %, PIB 6 %
Bosnie-Herzégovine : Corruption 21 %, PIB 17 %
Pérou : Corruption 24 %, PIB 19 %
Ghana : Corruption 28 %, PIB 1 %
Brésil : Corruption 29 %, PIB 24 %

■ Corruption*
■ PIB†

Source : Transparency International, Corruption Perceptions Index 2004.
Les données de PIB (produit intérieur brut) proviennent de la Banque mondiale.
* Classement de la corruption dans les 61 pays participants, du niveau le plus élevé (1) au niveau le plus faible (61).
† Classement du PIB des 61 pays participants, du niveau le plus faible (1) au niveau le plus élevé (61).
Note : Dans ce diagramme, la plupart des pays appartenaient au tiers des pays affichant le taux de corruption le plus élevé et à la moitié des pays affichant le PIB le plus faible, c'est-à-dire des taux très élevés de corruption et relativement faibles de PIB par rapport à la moyenne mondiale.

Selon les *Indicateurs du développement dans le monde 2005* de la Banque mondiale (voir le tableau 6), les niveaux de revenu et d'endettement semblent indiquer que le bien-être économique est corrélé avec l'insatisfaction envers les dirigeants. Jusqu'à 70 % des pays les plus insatisfaits se classent parmi les pays à faible revenu, dont l'endettement est moyen ou élevé.

Tableau 6

Le revenu et l'endettement

	Endettement élevé	Endettement moyen	Endettement faible
Revenu faible		Pakistan Nigeria	Inde Ghana
Revenu moyen	Brésil Croatie Équateur Indonésie Pérou	Philippines Bolivie	
Revenu élevé	Uruguay	Pologne Venezuela	

Source: Banque mondiale, *Indicateurs du développement dans le monde 2005.*

Les citoyens les plus insatisfaits de leurs dirigeants sont issus de pays où la corruption est grande, l'endettement élevé et les revenus plutôt faibles.

Comme l'insatisfaction la plus grande à l'égard des politiciens et des chefs d'entreprise se rapportait à deux énoncés particuliers, à savoir « Ils ont trop de pouvoir et de responsabilités » et « Ils cèdent sous la pression de personnalités plus puissantes qu'eux », on doit reconnaître qu'il existe dans l'esprit des gens un lien entre la corruption politique et la collusion avec la grande entreprise. Quoique les citoyens comptent sur leurs dirigeants pour obtenir le bien-être économique et la stabilité politique, il se peut, malheureusement, que ces dirigeants s'apparentent plutôt à des partenaires dans le crime, qui volent l'argent des contribuables, et non à des bienfaiteurs ou à des serviteurs du peuple, dignes de confiance et soucieux du bien-être de la nation.

On ne s'étonnera pas de constater que les deux pays les plus critiques à l'égard de leurs dirigeants en Asie, soit l'Indonésie et les Philippines, ont été gouvernés par des dirigeants accusés d'avoir détourné des millions de dollars (voir le tableau 7). Dans le sous-continent indien (Inde et Pakistan) ainsi qu'en Afrique (Ghana et Nigeria), la corruption rampante et le fait que des milliers de gens soient privés du droit de vote expliquent la grande insatisfaction.

Tableau 7

Où est passé l'argent ? – 10 principaux détournements

Chef du gouvernement		Estimation des sommes détournées	PIB par habitant (2001)
1. Muhamed Suharto	Président de l'Indonésie de 1967 à 1998	De 15 à 35 milliards $ US	695 $ US
2. Ferdinand Marcos	Président des Philippines de 1972 à 1986	De 5 à 10 milliards $ US	912 $ US
3. Mobutu Sese Seko	Président du Zaïre de 1965 à 1997	5 milliards $ US	99 $ US
4. Sani Abacha	Président du Nigeria de 1993 à 1998	De 2 à 5 milliards $ US	319 $ US
5. Slobodan Milosevic	Président de la Serbie-Yougoslavie de 1989 à 2000	1 milliard $ US	ND
6. Jean-Claude Duvalier	Président d'Haïti de 1971 à 1986	De 300 à 800 millions $ US	460 $ US
7. Alberto Fujimori	Président du Pérou de 1990 à 2000	600 millions $ US	2 051 $ US
8. Pavlo Lazarenko	Premier ministre de l'Ukraine en 1996 et 1997	De 114 à 200 millions $ US	766 $ US
9. Arnoldo Aleman	Président du Nicaragua de 1997 à 2002	100 millions $ US	490 $ US
10. Joseph Estrada	Président des Philippines de 1998 à 2001	De 78 à 80 millions $ US	912 $ US

Source : Communiqué de Transparency International, *Global Corruption Report 2004.*

Tout pays qui abrite des politiciens pilleurs et des multinationales corruptibles met en péril son développement économique. «La corruption politique sape les espoirs de prospérité et de stabilité des pays en développement et nuit à l'économie mondiale», expliquait Peter Eigen, président de Transparency International (TI), au lancement du *Global Corruption Report 2004* de TI. «L'abus du pouvoir politique à des fins de gain personnel prive les plus démunis de services publics vitaux et alimente un désespoir qui débouche sur le conflit et la violence. Il faut s'attaquer au problème à l'échelle nationale et internationale.»

Le corporatisme : le cas de l'Amérique latine

Puisqu'on trouve en Amérique latine près de la moitié des pays les plus insatisfaits de leurs dirigeants, la région mérite un examen plus détaillé.

Comme l'explique Kryzanek dans son ouvrage *Latin America : Change and Challenge*, «la politique latino-américaine tire ses racines du corporatisme, c'est-à-dire d'un système de gouvernement au sein duquel divers groupes ou corporations socioéconomiques gravitent autour de l'autorité centrale et se disputent le pouvoir ainsi qu'une place à la table du gouvernement[1]».

Dans *Latin American Politics*, Wiarda affirme que «l'Amérique latine se compose, en bonne partie, de petites sociétés intimes où chaque personne qui compte connaît toutes les autres personnes qui comptent, ainsi que leurs familles, leurs histoires et leurs affaires respectives[2]».

Les analystes prévoyaient que l'ouverture des marchés des pays latino-américains, telle que prescrite par le Fonds monétaire international (FMI) et Washington, allait favoriser leur croissance économique, mais celle-ci a peu progressé au cours des 20 dernières années.

Dans cette région, la démocratie ratisse large, mais ses racines sont peu profondes. Tandis que la majorité des pays latino-américains qui se montrent les plus critiques à l'égard de leurs dirigeants jouissent de grandes libertés, les citoyens semblent s'impatienter de plus en plus par rapport à la démocratie. Au cours des dernières années, six chefs d'État élus ont été évincés devant la menace de troubles violents. Une enquête réalisée dernièrement par les Nations unies auprès de 19 000 répondants de 18 pays d'Amérique latine a fait ressortir des résultats inquiétants : la majorité des répondants ont mentionné qu'ils préféreraient un dictateur à un dirigeant élu si cela leur apportait des avantages économiques.

Deux pays seulement se montraient plus critiques à l'endroit des dirigeants politiques que des dirigeants d'entreprise, soit le Mexique (taux d'insatisfaction de 82 % pour les dirigeants politiques et de 40 % pour les dirigeants d'entreprise), et l'Équateur (83 % et 46 % respectivement). Il peut être pertinent de mentionner que le fragile régime équatorien a été victime de grande instabilité politique. Depuis 1996, sept différents présidents se sont succédé à la tête du pays !

Des 61 pays participants, le Pérou est le plus insatisfait à l'égard des politiciens et des chefs d'entreprise. Malgré une bonne performance macroéconomique en 2004, il y a encore beaucoup de chômage et de pauvreté, et les gains économiques n'ont pas encore atteints les masses. Avec un taux de satisfaction aussi faible que 10 % à l'endroit du président Toledo, d'inquiétants sondages montrent que les Péruviens étaient plus satisfaits de l'ancien président Fujimori, un chef autoritaire qui s'est enfui après avoir été accusé de corruption.

D'autres pays de la région, dont le Brésil et l'Uruguay, croulent sous une lourde dette et, depuis 2000, les salaires réels ont chuté. L'Uruguay a également souffert de l'incidence des difficultés économiques de ses imposants voisins, l'Argentine et le Brésil, de 1999 à 2002.

La Bolivie, depuis longtemps l'un des pays les plus pauvres et les moins développés de la région, dépend encore de l'aide lui venant de multinationales et de gouvernements étrangers.

Au Venezuela, pays fortement tributaire du secteur pétrolier, l'économie a stagné tout au long de 2003. L'inflation et le chômage demeurent de graves problèmes.

Au Guatemala, le revenu est réparti très inégalement, avec 75 % de la population qui vit sous le seuil de pauvreté.

En résumé, la prospérité promise par la démocratie en Amérique latine ne s'est pas matérialisée. Le marasme économique qui sévit depuis plusieurs années alimente encore le mécontentement à l'égard des gouvernements qui sont, de l'avis de la population, rongés par la bureaucratie et la corruption. Malgré la croissance récente sur certains marchés, les gains économiques, souvent liés aux investissements de multinationales qui embauchent peu de gens, n'ont rempli que quelques poches ici et là. C'est pourquoi les avantages pour la population ont été négligeables, sinon inexistants.

■ Les exceptions européennes

En règle générale, la plupart des pays d'Europe de l'Ouest, d'Europe de l'Est et d'Europe centrale sont moins critiques à l'endroit de leurs dirigeants que les répondants des autres régions du monde, sauf quelques exceptions.

Avec les guerres et les luttes politiques qui ont ravagé les Balkans, on peut comprendre que cette région agitée – surtout l'Albanie, la Croatie et la Bosnie-Herzégovine – se montre plutôt critique. Chose intéressante, avant la dissolution de la Yougoslavie, la Croatie était, après la Slovénie, le pays le plus prospère et industrialisé des Balkans. Depuis qu'elle s'est mise à l'heure de la mondialisation, la Croatie figure désormais au 16e rang mondial selon l'indice de mondialisation d'A. T. Kearney[3]. De plus, la situation macro-économique du pays s'est largement stabilisée. Cependant, les réformes structurelles tardent à venir, en raison de la résistance coriace que manifeste le public et de l'absence d'appuis solides de la part des politiciens.

Deux autres exceptions, l'Allemagne et le Pologne, méritent qu'on s'y attarde.

Le pessimisme en Allemagne

Sur l'échelle de l'angoisse (*angst,* en allemand), les Allemands arrivent bons premiers en Europe. S'il est vrai que le pays connaît un chômage élevé (5,2 millions de chômeurs en mars 2005) et qu'il a grand besoin d'importantes réformes économiques, ses citoyens bénéficient tout de même de l'un des meilleurs régimes sociaux d'Europe de l'Ouest.

Selon le professeur Oskar Niedermayer, sociologue de l'université libre de Berlin, « le négativisme semble inscrit dans la psyché nationale. Les gens ne dépensent pas par crainte de l'avenir et, ce faisant, aggravent la situation. »

Selon Klaus-Peter Schoppner, membre de la GIA et chef de TNS Emnid, les Allemands sont devenus pessimistes pour la première fois aux environs de 1996. « On a discuté de la réforme des régimes de retraite et de santé, puis rien n'a été fait. Les Allemands semblent encore sous le choc : après un demi-siècle de progrès économiques, ils ont soudain perdu confiance dans la capacité de faire avancer les réformes. »

En fait, les Allemands tolèrent plutôt mal le risque, et l'humeur du pays semble varier en fonction de son succès économique. Après la réunification, le pays a connu un fardeau de difficultés économiques beaucoup plus lourd que celui de ses voisins de l'Ouest. Curieusement, l'Allemagne vient après tous ses voisins immédiats dans l'indice de mondialisation d'A. T. Kearney. Mais cela peut aussi refléter les difficultés qu'éprouve le pays, qui tarde à mettre en place les réformes économiques.

Une enquête menée en janvier 2005 par FORSA, une maison de recherche sociale établie à Berlin, révélait que près du tiers des Allemands ont le sentiment qu'aucun des grands partis politiques du pays n'en fait suffisamment pour réduire le chômage et remettre l'économie sur les rails.

Les Allemands ne font plus confiance à leurs dirigeants politiques et, avec l'attention grandissante accordée aux scandales financiers, ils s'en prennent maintenant aux dirigeants de leurs entreprises (troisième taux d'insatisfaction, après les Péruviens et les Croates).

L'apathie politique en Pologne

Les citoyens polonais, comme ceux de l'Équateur et du Mexique, se montrent nettement plus critiques à l'endroit des politiciens (75 %) que des chefs d'entreprise (44 %).

La restructuration de l'économie polonaise entraîne encore des pertes d'emploi et elle se poursuit toujours. D'autres licenciements sont en vue dans certaines sociétés d'État, notamment en raison de leur privatisation, ainsi que dans le secteur agricole (qui emploie encore 20 % de la main-d'œuvre). Depuis 1989, qui a marqué la chute des autorités communistes à laquelle a participé le syndicat Solidarité, les gouvernements successifs ont été soupçonnés de corruption et n'ont pas encore réussi à réduire le fort taux de chômage, qui avoisine encore les 20 %.

En 2003, le scandale « Rywingate », impliquant le plus riche magnat des médias et éditeur en chef d'un grand quotidien dans un trafic d'influence auprès du gouvernement, a désillusionné de nombreux Polonais, désormais convaincus que leur pays est atteint de corruption endémique.

Les Polonais ont réussi à obtenir un vote majoritaire (50 % ou plus) au référendum sur leur entrée dans l'Union européenne, mais ils sont réputés pour leur faible participation électorale due à leur mécontentement à l'égard des politiciens. Bien que la Pologne soit le nouveau membre le plus important de l'Union européenne, seulement 20 % des citoyens ont participé aux élections du Parlement européen en 2004, et c'était là leur première occasion de faire entendre leur voix au sein de l'UE.

La voie à suivre

Notre monde de plus en plus complexe, dont l'interconnectivité et les communications de masse s'étendent tous azimuts, ont inauguré une ère nouvelle où, plus que jamais dans l'histoire de l'humanité, nous faisons face à des réalités et à des perspectives divergentes et souvent incompatibles. Partout sur la planète, des sociétés défendent avec acharnement leurs religions, leurs cultures et leurs régimes politiques et économiques. Les dirigeants de la politique et du monde des affaires, au premier plan de ces conflits, doivent montrer la voie pour que nous nous adaptions à la nouvelle donne mondiale.

Les résultats de cette enquête internationale offrent des pistes de réflexion, qui pourront aider les dirigeants à retrouver la confiance des citoyens et à favoriser dans l'avenir des relations plus harmonieuses et plus fructueuses entre les peuples.

À elles seules, les libertés démocratiques ne suffiront pas à rétablir la confiance si ce ne sont que des paroles en l'air. (Pour un examen plus approfondi de cette question, voir le chapitre 2, qui porte sur la démocratie.) Pour réussir, les dirigeants devront non seulement accueillir et appuyer la demande publique de transparence et d'obligation de rendre compte, mais aussi prendre des mesures concrètes qui favoriseront le bien-être économique de l'ensemble de leur population.

Les entreprises mondiales étendent leurs activités par-delà les frontières et ont les moyens de créer le changement. Pour réussir, les chefs d'entreprise devront accepter les nouvelles réalités et réagir non seulement aux enjeux qui touchent l'environnement social, physique et économique de leur propre pays, mais aussi aux enjeux mondiaux qui dépassent leurs frontières.

Les pays développés et les multinationales devront jouer un rôle encore plus actif pour éradiquer la corruption dans le monde et se conformer aux obligations visées par la convention contre la corruption de l'OCDE. Voici, à ce sujet, les propos de Peter Eigen, président de Transparency International : «Les pays riches doivent fournir un soutien pratique aux gouvernements des pays en développement afin de démontrer la volonté politique de réduire la corruption. Les pays donateurs et les institutions financières internationales doivent adopter une position plus ferme, en arrêtant de soutenir financièrement les gouvernements corrompus et en dressant une liste noire des entreprises internationales qui versent des pots-de-vin à l'étranger.»

Dans cet effort, nous constatons des signes encourageants : une vingtaine de pays ont adopté des lois autorisant des poursuites criminelles contre un pays qui reçoit des pots-de-vin de l'étranger. Mais les politiciens et les chefs d'entreprise du monde peuvent faire beaucoup plus pour donner suite aux revendications d'un public de plus en plus informé et exigeant.

L'INSATISFACTION À L'ÉGARD DES DIRIGEANTS : LE CANADA N'Y ÉCHAPPE PAS

- Les politiciens et les chefs d'entreprise se font critiquer au Canada (53 %) aussi. Avec une insatisfaction supérieure à la moyenne mondiale (45 %), le Canada occupe le 22e rang des pays insatisfaits de leurs dirigeants.

Tableau 8

L'insatisfaction moyenne concernant les politiciens et les chefs d'entreprise

Québec	53 %
Canada	53 %
Monde	45 %

Source : Gallup International Association, sondage *Voice of the People 2005*.

- Le Canada, toutefois, ne figure pas dans la courte et déshonorante liste de pays qui bafouent les droits civils et nourrissent la corruption. Par exemple, le pays affichant le taux de confiance le plus faible envers ses dirigeants est le Pérou, dont le taux d'insatisfaction s'établit à 74 %. C'est dans ce pays que l'ex-président Alberto Fujimori a été accusé du détournement de 600 millions de dollars américains entre 1990 et 2000.

Notes

1. Kryzanek, Michael J. *Latin America: Change and Challenge,* New York, HarperCollins, 1995.

2. WIARDA, H. J. *Latin American Politic,* Belmont, CA, Wadsworth, 1995.

3. L'indice d'A.T. Kearney mesure le degré de mondialisation de l'économie.

À propos de l'auteur

Kevin Meyer
Opinion Research, Taiwan
kevinmeyer@ort.com.tw

En 1988, après l'obtention d'un MBA international de Thunderbird, décerné par l'American Graduate School of International Management, à Glendale (Arizona), Kevin Meyer s'est établi en Asie et y vit encore.

Il a commencé sa carrière en recherche chez Frank Small & Associates (qui fait maintenant partie du groupe TNS), à Taipei (Taiwan) ; il a été promu directeur adjoint dans le cadre d'un mandat de deux ans, à Jakarta, en Indonésie, avant de s'aventurer dans le monde de la publicité.

Entré au service de J. Walter Thompson Taiwan, il a occupé le poste de directeur de groupe. Il était responsable des comptes d'Unilever et de Nestlé de 1994 à 1997.

En 1997, de retour dans le secteur des sondages, il est devenu directeur général et propriétaire d'Opinion Research Taiwan, une maison indépendante qui représente Gallup International Association.

Parlant couramment le mandarin, M. Meyer est président du Comité de marketing et de distribution de la Chambre américaine de commerce de Taipei depuis cinq ans.

CHAPITRE 8

Le VIH/sida : décalage entre l'Afrique subsaharienne et le monde

Mari Harris

Markinor, Afrique du Sud

Les gens qui vivent en Afrique subsaharienne et les autres habitants du globe ne voient pas du même œil l'importance et les effets éventuellement dévastateurs du VIH/sida. Les leaders mondiaux ont certes inclus la lutte contre le VIH/sida dans les objectifs du Millénaire pour le développement, mais l'engagement à l'égard de cet enjeu n'est pas le même pour tous. Cette lutte interpelle encore plus les Africains et, pour eux, elle doit être prise en charge à l'échelle mondiale.

Dans le présent chapitre, nous examinons la position des gens par rapport au VIH/sida dans le monde à partir non seulement des résultats du sondage *Voice of the People 2005*, mais aussi des enquêtes réalisées par Markinor en Afrique du Sud, le pays qui compte le plus grand nombre de cas confirmés de sida. Nous affirmons aussi que toute intervention capable de freiner la propagation de la maladie créerait un environnement propice à la stabilité politique et à la continuité commerciale tout en améliorant la qualité de vie de millions de personnes.

Introduction

Des maladies dévastatrices comme le VIH/sida, la tuberculose et le paludisme surviennent souvent dans des régions attrayantes pour les entreprises. Cependant, la maladie nuit aux activités commerciales : elle fait grimper les coûts, démoralise les travailleurs, limite la croissance économique et réduit la taille du marché potentiel. Une intervention efficace en vue d'arrêter l'épidémie contribuerait à la stabilité politique et à la continuité des affaires, tout en améliorant la vie de millions de personnes infectées et affectées par ces maladies. Mais dans le cas du VIH/sida, il y a un décalage entre les opinions du monde et celles des habitants de la région subsaharienne de l'Afrique, les plus touchés par la maladie.

Quelques faits et chiffres

Selon un modèle de l'Organisation mondiale de la santé, un taux d'infection de la population adulte par le VIH/sida de 20 % dans un pays entraînerait une réduction annuelle du PIB de 1 %. De plus, dans les régions tributaires de l'agriculture, les maladies infectieuses réduisent la production alimentaire, car les personnes infectées sont moins aptes au travail.

Toujours selon le modèle, le VIH/sida entraînerait dans les pays les plus touchés un ralentissement de la croissance annuelle par habitant de 1 % ou de 2 %. Donc, au bout de deux décennies, la maladie aurait causé dans ces pays une perte de la capacité économique de 20 % à 40 %.

En 2005, on estimait que près de 40 millions de personnes étaient porteuses du virus dans le monde, et les deux tiers d'entre elles vivaient en Afrique subsaharienne, sans contredit le point chaud de la planète. Des indications montrent que c'est en Afrique du Sud, le pays le plus développé de la région, que l'épidémie se propage le plus rapidement par rapport au reste du monde. En fait, le sixième de toute la population infectée vit en Afrique du Sud ; le taux de prévalence du VIH chez les adultes sud-africains s'établit à quelque 20 %, alors qu'il est d'environ 14 % dans la population totale (adultes et enfants). Si l'infection touche un plus grand nombre d'hommes que de femmes sur la planète, en Afrique du Sud, c'est le contraire. Enfin, à l'échelle mondiale, on enregistrait en 2004 quelque trois millions de décès liés au VIH/sida, dont près d'un demi-million en Afrique du Sud. D'ici 2011, le VIH/sida pourrait faire 5 millions de victimes dans ce pays, et jusqu'à 9 ou 10 millions d'ici 2021, si des mesures de contrôle ne sont pas mises en place.

Pour le reste de l'Afrique subsaharienne, les perspectives sont tout aussi sombres, surtout si l'on considère que d'autres facteurs contribuent à la vulnérabilité des populations de la région, notamment l'instabilité politique, la faible croissance économique et les difficultés d'approvisionnement alimentaire. De plus, la taille de la population dans un pays comme le Botswana (moins de 2 millions de personnes) ne peut soutenir les effets dévastateurs qu'entraîne l'infection par le VIH de 4 personnes sur 10 (voir la figure 1).

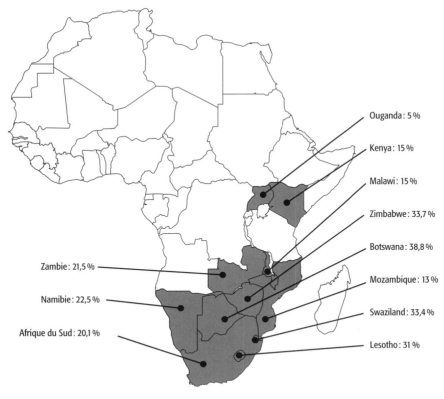

Figure 1

Le taux d'infection par le VIH/sida
chez les adultes dans quelques pays d'Afrique subsaharienne

Ouganda: 5 %

Kenya: 15 %

Malawi: 15 %

Zimbabwe: 33,7 %

Botswana: 38,8 %

Mozambique: 13 %

Swaziland: 33,4 %

Lesotho: 31 %

Zambie: 21,5 %

Namibie: 22,5 %

Afrique du Sud: 20,1 %

Source: *Times,* août 2003.

Le VIH/sida et les objectifs du Millénaire des Nations unies

En 2004, le sondage *Voice of the People* de la GIA comportait des questions sur les objectifs du Millénaire pour le développement, que tous les pays membres des Nations unies s'étaient engagés à atteindre d'ici 2015. En juin et en août 2004, nous avions demandé à plus de 50 000 personnes d'une soixantaine de pays quel était, selon elles, l'objectif le plus important pour l'ensemble du monde.

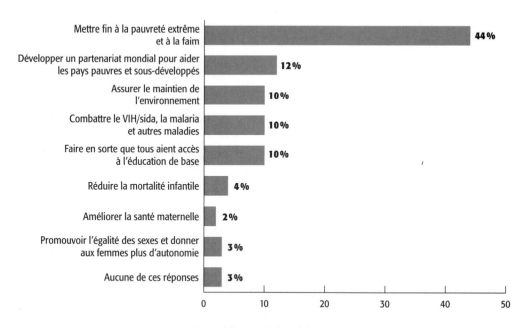

Figure 2

Les priorités mondiales en 2004

Q. Quel est, selon vous, l'objectif le plus important à atteindre pour le monde?

Mettre fin à la pauvreté extrême et à la faim	44%
Développer un partenariat mondial pour aider les pays pauvres et sous-développés	12%
Assurer le maintien de l'environnement	10%
Combattre le VIH/sida, la malaria et autres maladies	10%
Faire en sorte que tous aient accès à l'éducation de base	10%
Réduire la mortalité infantile	4%
Améliorer la santé maternelle	2%
Promouvoir l'égalité des sexes et donner aux femmes plus d'autonomie	3%
Aucune de ces réponses	3%

Source: Gallup International Association, 2004.

Selon les citoyens du monde, l'éradication de la pauvreté et de la faim est l'objectif du Millénaire le plus important : pour plus de 4 répondants sur 10 (44 %), c'était la priorité la plus grande à l'échelle du monde (voir la figure 2). Cette opinion, partagée par toutes les régions, a donné le ton au programme de tous les pays, à quelques exceptions près. Si cet objectif a fait consensus, les autres ont donné lieu à des opinions plus divergentes, mais quatre d'entre eux se démarquent :

- développer un partenariat mondial pour aider les pays pauvres et sous-développés ;
- assurer le maintien de l'environnement ;
- combattre le VIH/sida et d'autres maladies ;
- faire en sorte que tous aient accès à l'éducation de base.

À l'échelle mondiale, 1 répondant sur 10 a accordé la priorité à l'un de ces 4 objectifs.

Les résultats ont révélé des différences régionales intéressantes. Par exemple, les répondants africains, par rapport à ceux d'autres régions, ont accordé une priorité plus élevée à la lutte contre le VIH/sida, la malaria et d'autres maladies, tandis que dans la région Asie-Pacifique, la croissance économique rapide et le fragile équilibre écologique ont amené beaucoup de répondants à privilégier le maintien de l'environnement. Par ailleurs, certains pays ont mis l'accent sur des objectifs individuels. Ainsi, on constate que l'éducation primaire universelle reçoit la priorité la plus élevée dans des pays aussi différents que l'Islande (26 %), le Brésil (28 %) et l'Inde (22 %).

Le tableau 1 indique que la lutte contre le VIH/sida, la malaria et d'autres maladies se classait au deuxième rang pour les Africains. Dans l'ensemble de la région, 1 répondant sur 5 (22 %) a accordé la priorité la plus élevée à cet objectif ; au Ghana, c'est 4 répondants sur 10 (42 %) ; et environ 3 répondants sur 10 au Cameroun (34 %), en Afrique du Sud (32 %) et au Kenya (27 %). Au Nigeria, à peine plus de 1 répondant sur 10 (13 %) considérait que l'objectif était important à l'échelle mondiale.

Dans d'autres régions, l'éradication de maladies telles que le VIH/sida et la malaria n'a pas reçu une priorité très élevée, sauf dans certains pays d'Europe de l'Est et d'Europe centrale. En Ukraine, plus du quart des répondants (26 %) y ont accordé la priorité la plus élevée, tout comme le cinquième des Estoniens (21 %) et des Lituaniens (20 %), leurs voisins.

Au Vietnam, la lutte contre ces maladies a été jugée prioritaire par 1 répondant sur 3 (33 %), soit une proportion similaire au nombre de répondants ayant accordé la priorité à l'éradication de l'extrême pauvreté et de la faim.

Tableau 1

Les priorités régionales en 2004

Q. Quel est, selon vous, l'objectif le plus important à atteindre pour le monde ?

	Pauvreté et faim	Partenariat mondial	Environnement durable	Lutte contre le VIH/sida et autres maladies	Éducation primaire universelle
MONDE	44 %	12 %	10 %	**10 %**	10 %
Afrique	49 %	15 %	1 %	22 %	5 %
Asie-Pacifique	36 %	15 %	21 %	7 %	8 %
Europe de l'Est et Europe centrale	49 %	5 %	11 %	14 %	4 %
Amérique latine	50 %	13 %	3 %	8 %	13 %
Moyen-Orient*	62 %	12 %	3 %	4 %	9 %
Amérique du Nord	29 %	14 %	12 %	10 %	19 %
Asie de l'Ouest†	51 %	6 %	3 %	7 %	18 %
Europe de l'Ouest	41 %	14 %	10 %	12 %	9 %

Source : Gallup International Association, sondage *Voice of the People 2004*.

* Cette région ne comprend que l'Égypte, la Turquie et Israël.

† Cette région ne comprend que l'Inde et le Pakistan.

Note : Les données particulièrement significatives sont présentées en rouge.

La lutte contre le VIH/sida est-elle une priorité mondiale en 2005 ?

Dans l'édition 2005 du sondage, nous avons formulé la question différemment, sans renvoyer directement aux objectifs du Millénaire pour le développement. Elle se lisait comme suit : « Quel est, selon vous, le plus grand problème dans le monde, à l'heure actuelle ? »

Ici encore, l'enjeu de la pauvreté s'est classé au premier rang, loin devant les autres, mais il ne reprenait pas la formulation de l'objectif du Millénaire («réduire l'extrême pauvreté et la faim»). Plutôt, il se présentait comme l'«écart entre les riches et les pauvres» (voir la figure 2).

Un seul autre problème, à savoir le «terrorisme», a été mentionné comme prioritaire par plus de 1 répondant sur 10 dans tous les pays participants.

Tableau 2

Les priorités mondiales en 2005

Q. Quel est, selon vous, le plus grand problème dans le monde, à l'heure actuelle?

Problème	Total
Pauvreté, l'écart entre les riches et les pauvres	26%
Terrorisme	12%
Chômage	9%
Guerres et conflits	8%
Problèmes économiques	7%
Problèmes environnementaux	6%
Drogues et abus de drogues	5%
VIH/sida et autres enjeux liés à la santé	4%
Mondialisation, commerce mondial inéquitable	4%
Crime	4%
Corruption	4%
Droits de la personne	2%
Problèmes liés à l'éducation	2%
Fondamentalisme religieux	2%
Réfugiés et demandeurs d'asile	1%
Autre	1%
Ne sait pas/Ne s'applique pas	2%

Source: Gallup International Association, sondage *Voice of the People 2005.*

Cette liste de problèmes montre bien que les priorités de la population mondiale en 2005 ne coïncident pas vraiment avec les idéaux énoncés par les leaders mondiaux dans les objectifs du Millénaire des Nations unies, sauf le problème de la pauvreté, qui rallie la majorité. Outre la pauvreté, la question de l'environnement reçoit encore une priorité relativement élevée, comme c'était le cas en 2004. Mais en 2005, la population mondiale semble davantage préoccupée par les problèmes liés à l'insécurité physique (terrorisme, guerres et conflits) et à l'insécurité économique (chômage et problèmes économiques), qu'elle considère comme les problèmes les plus importants de l'heure.

Le VIH/sida, classé au deuxième rang des priorités de l'Afrique en 2004, a nettement reculé à l'échelle mondiale. Cependant, pour le continent le plus durement touché, le problème demeure très présent, avec 12 % des Africains lui accordant la priorité la plus élevée en 2005. En Afrique, la question du VIH/sida et celle du chômage obtiennent des résultats *ex æquo*. Et, à l'instar des autres citoyens du monde, les Africains considèrent «la pauvreté, l'écart entre les riches et les pauvres» comme l'enjeu de loin le plus important. En Afrique, près de 4 répondants sur 10 (37 %) reconnaissent la pauvreté comme étant le problème le plus criant.

Tableau 3

La priorité accordée au VIH/sida et à d'autres maladies, par région

Q. Quel est, selon vous, le plus grand problème dans le monde, à l'heure actuelle?

	VIH/sida et autres maladies
Afrique	12 %
Europe de l'Est et Europe centrale	5 %
Europe de l'Ouest	3 %
Amérique du Nord	3 %
Amérique latine	2 %
Asie-Pacifique	2 %
Moyen-Orient	1 %

Source : Gallup International Association, sondage *Voice of the People 2005.*

Un coup d'œil sur les résultats du tableau 3 montre que les opinions des Africains diffèrent carrément des opinions du reste du monde. Toutefois, les résultats présentés au tableau 4 font ressortir des divergences d'opinion *au sein* de l'Afrique également. Le Nigeria, où seulement 7 % de la population accorde la priorité au VIH/sida, est le plus populeux des pays africains participant au sondage, si bien qu'il abaisse la moyenne du continent. En Éthiopie, par contre, près de 3 répondants sur 10 accordent la priorité la plus élevée au VIH/sida. Enfin, dans trois autres pays (Afrique du Sud, Togo et Cameroun), le quart des répondants estiment que le VIH/sida est le problème le plus important du monde à l'heure actuelle.

Tableau 4

La priorité accordée au VIH/sida et à d'autres maladies – Point de vue africain

Q. Quel est, selon vous, le plus grand problème dans le monde, à l'heure actuelle ?

	VIH/sida et autres maladies
Éthiopie	28 %
Afrique du Sud	25 %
Togo	25 %
Cameroun	23 %
Kenya	18 %
Ghana	13 %
Sénégal	11 %
Nigeria	7 %

Source : Gallup International Association, sondage *Voice of the People 2005.*

L'Afrique du Sud et le VIH/sida

Les résultats que nous venons de voir ainsi que les faits et chiffres présentés au début du chapitre indiquent que l'épidémie de sida se fait particulièrement sentir en Afrique du Sud. Mais pourquoi la prévalence du sida et les taux de décès qui y sont liés sont-ils si élevés ? Voici un aperçu des principaux facteurs en cause.

• Perturbations sociales et familiales attribuables à l'apartheid et à la migration du travail.

• Connaissance inadéquate des mesures de protection contre le VIH/sida.

- Stigmatisation de l'infection par le VIH et crainte de l'isolement social en résultant.

- Comportements sexuels à risque élevé et refus des porteurs d'admettre qu'ils sont infectés.

- Pauvreté élevée.

- Inégalité et infériorité des femmes, doublées de pratiques traditionnelles bien ancrées privilégiant les hommes dans bon nombre de collectivités.

- Inefficacité relative des programmes de lutte contre le VIH/sida, à laquelle s'ajoutent des messages contradictoires véhiculés par les médias.

- Crimes et viols.

- Absence de leadership et ambiguïté de l'administration sud-africaine dans la présentation des enjeux liés au VIH/sida.

Le public croit généralement que le gouvernement sud-africain est en mesure de gérer la crise. En mai 2004, faisant suite à la troisième élection démocratique tenue dans le pays, une enquête menée par Markinor, une importante maison de sondage sud-africaine, a montré que près des deux tiers (65 %) des Sud-Africains étaient d'avis que le gouvernement gérait « très bien » ou « assez bien » la crise du VIH/sida. Les derniers résultats (tirés d'une enquête de Markinor réalisée en mai 2005) indiquaient que 73 % de la population appréciait les efforts du gouvernement dans ce dossier.

Les résultats des recherches régulières menées par Markinor révèlent que les Sud-Africains sont conscients de la crise du VIH/sida dans leur pays et considèrent que l'infection par le VIH constitue un risque réel pour eux et les membres de leur famille. Pour presque tous les répondants (94 %), le VIH/sida était un grave problème, même s'il venait au deuxième rang, après le chômage (40 % pour le chômage contre 18 % pour le VIH/sida), considéré comme le problème national le plus grave en 2001. Dans la même enquête, réalisée par Markinor en mai 2001, la majorité (86 %) reconnaissait qu'il s'agissait du problème de santé le plus sérieux du pays. Dans une enquête entreprise quelques mois avant la troisième élection nationale, en avril 2004, 90 % des Sud-Africains mentionnaient « le chômage et la création d'emplois » comme les enjeux auxquels le gouvernement devrait s'attaquer en priorité. Cependant, près de la moitié des répondants (48 %) ont également mentionné le VIH/sida, après le crime (64 %) et la pauvreté (49 %).

D'après les enquêtes de Markinor sur le VIH/sida réalisées entre 2002 et 2005, il semble que les Sud-Africains soient généralement conscients du lien entre le virus et les comportements sexuels à risque, et qu'ils connaissent les méthodes de protection. Néanmoins, les chercheurs ont constaté une hausse dans les comportements sexuels à risque moyen et élevé, qui sont passés de 37 % à 43 % entre 2002 et 2005 (voir le tableau 5).

Tableau 5

Le comportement sexuel et le risque de contracter le VIH/sida en Afrique du Sud

	2002	2003	2004	2005
Groupe à faible risque 1 : bien renseigné, peu de partenaires sexuels	19 %	12 %	16 %	16 %
Groupe à faible risque 2 : faible promiscuité comme protection	21 %	23 %	18 %	21 %
Groupe à faible risque 3 : utilisation de condoms et faible promiscuité	23 %	21 %	23 %	20 %
Groupe à risque modéré : promiscuité élevée, utilisation habituelle de condoms	15 %	18 %	23 %	18 %
Groupe à risque élevé : ignorance du problème	22 %	26 %	20 %	25 %

Source : Markinor, Programme de recherche sur l'opinion publique, 2002-2005.

Pourquoi les efforts visant à modifier les comportements sexuels en Afrique du Sud ont-ils eu si peu d'incidence, malgré la distribution améliorée de condoms ainsi que le temps et l'argent investis dans les programmes de sensibilisation ? De toute évidence, des obstacles culturels s'opposent au changement, et il faudrait les cerner pour pouvoir adopter des mesures adéquates.

Le développement ou la dévastation ?

Les données actuelles laissent entendre que le VIH/sida aura d'importantes répercussions sur la taille et la croissance de la population sud-africaine au cours des 15 prochaines années, mais qu'il est peu probable que l'épidémie entraîne une croissance démographique négative. Toutefois, l'espérance de vie et les taux de fécondité devraient s'en ressentir. L'espérance de vie moyenne des Sud-Africains à la naissance a déjà reculé, passant de 63 ans en 1996 à 55 ans en 1999, et devrait fléchir encore, jusqu'à moins de 45 ans d'ici 2008 (Nations unies, 1998).

La maladie se répercutera également sur la vie économique des habitants, des entreprises et du pays. En voici quelques conséquences :

- Réduction des économies et du revenu disponible en raison de la maladie, hausse des dépenses personnelles consacrées à la santé et décès prématurés.

- Réduction des investissements étrangers.

- Réacheminement des ressources, détournant les fonds affectés aux besoins nationaux, tels que l'éducation et les infrastructures, vers les soins de santé.

- Appauvrissement de la base économique des collectivités étant donné les taux de mortalité en hausse chez les travailleurs et les consommateurs âgés de 25 à 45 ans.

- Mise en péril des futurs revenus des entreprises en raison de la décroissance et de l'appauvrissement des consommateurs.

- Changement dans les priorités de dépenses familiales, perte du pouvoir d'achat des individus et des familles, et potentiel d'épargne en baisse.

- Nombre accru d'orphelins et de groupes socialement dépendants.

Outre les conséquences économiques, la propagation de l'infection affaiblira le système d'éducation, car elle atteindra les enseignants et les étudiants, et déstabilisera le système politique. En se conjuguant à d'autres facteurs, la maladie favorise l'instabilité dans les sociétés vulnérables car, avec la fragmentation politique et sociale de même que le déclin économique qu'elle entraîne, elle exacerbe l'instabilité politique.

Il ne fait aucun doute que le VIH/sida aura de graves répercussions démographiques, économiques, humaines et sociales au cours des deux prochaines décennies, notamment sur des facteurs tels que la taille de la population, la réalisation du capital humain, la disponibilité de la main-d'œuvre et des compétences sur le marché du travail, le revenu des ménages et la structure des dépenses, la croissance du PIB, les recettes et les dépenses publiques, l'investissement étranger et la compétitivité internationale.

Les sociétés africaines devraient certes prendre exemple sur l'Ouganda, le premier pays africain à s'être attaqué de front à la menace du VIH/sida. Grâce aux mesures adoptées, le taux d'infection est passé de 14,9 %, en 1990, à 8,3 % en 2000. Les facteurs suivants ont contribué au succès de l'Ouganda :

- La reconnaissance hâtive de la maladie et de ses conséquences possibles, de même que la mise en œuvre d'une campagne gouvernementale de sensibilisation bien gérée et soutenue. La campagne comportait des interventions sur plusieurs plans. Ainsi, un porte-parole haut placé du gouvernement a reconnu être séropositif, se servant de son expérience pour convaincre les jeunes de modifier leur comportement et faisant circuler des messages simples et clairs dans tous les médias possibles – électroniques et imprimés, panneaux, affiches, visites dans les écoles, séances d'information publiques, apparitions dans des émissions d'actualité, etc. – pour interpeller la communauté.

- La mise en œuvre rapide du traitement nécessaire (par exemple, une thérapie antirétrovirale de courte durée) afin de contenir le risque le plus évident, soit la transmission mère-enfant.

- Une stratégie thérapeutique fondée sur différents plans de soins, c'est-à-dire des services anti-VIH de base, un service intermédiaire ciblant la prestation de soins de santé améliorés et l'accès à des spécialistes en cas d'infections opportunistes.

L'exemple ougandais montre qu'il est possible de ralentir la propagation de l'infection, et de réduire ainsi la souffrance humaine tout en protégeant l'économie de même que les structures sociales et politiques des pays touchés contre les conséquences néfastes d'une épidémie. Si d'autres pays durement touchés par le VIH/sida, particulièrement en Afrique subsaharienne, devaient adopter des mesures aussi énergiques et ciblées en vue de sensibiliser la population et de fournir des soins de santé, ils favoriseraient leur prospérité, leur stabilité et leur croissance future. On comprend que les pays les plus touchés par la maladie soient également les plus conscients de la gravité du problème, mais il faut souhaiter que les pays épargnés jusqu'ici des graves conséquences du VIH/sida prendront conscience des dangers réels.

SIDA : LE CANADA EST ÉPARGNÉ PAR RAPPORT À D'AUTRES RÉGIONS

- À l'échelle mondiale, près de 40 millions de personnes ont le sida. Le continent africain est la région la plus durement touchée, ce qui explique que 12 % de la population africaine a accordé au sida la priorité la plus élevée. Au Canada, seulement 5 % des répondants ont mentionné le sida en priorité, ce qui s'aligne sur la moyenne mondiale (4 %).

Tableau 6	
Le sida représente la priorité la plus élevée…	
Québec	2 %
Canada	5 %
Monde	4 %
Afrique	12 %

Source : Gallup International Association, sondage *Voice of the People 2005*.

- L'Afrique est le continent le plus touché par le sida. Pourtant, c'est elle qui consacre le moins de ressources aux soins de santé (moins de 3 % du PIB), qui connaît les plus grandes difficultés d'accès aux médicaments et aux vaccins (accessibles à moins de 50 % de la population) et qui affiche le plus bas ratio de médecins par habitant (un médecin pour 2 500 personnes). En comparaison, au Canada, on compte un médecin pour 476 personnes.

Bibliographie

ARNDT, Channing et Jeffrey D. LEWIS. *The Macro Implications of HIV/AIDS in South Africa : A Preliminary Assessment*, New York. Banque mondiale, 2000.

BARKER, S. «SA Is Still in a State of Denial About AIDS», *Business Day*, 1er novembre 1999.

BOLLINGER, L. et J. STOVER. *The Economic Impact of AIDS in South Africa*, Glastonbury, Royaume-Uni, Futures Group International, 1999.

DORRINGTON, R. et autres. *The Impact of HIV/AIDS on Adult Mortality in South Africa*, Le Cap, Medical Research Council, 2001.

HARRIS, M. *Red Ribbon : Record Recognition, but So What ?*, Johannesburg, Markinor, 2003.

HARRIS, M. *AIDS in Sub-Saharan Africa*, Johannesburg, Markinor, 2001.

HARRIS, M. et C. J. VAN AARDT. «Where Do We Stand With Our Knowledge of HIV/AIDS and the Perceptions of the Population About This Reality ?», Allocution présentée à la conférence de la Pan African Media Research Organization, Stone City, Zanzibar, 30 août 2005.

ING BARINGS. *Economic Impact of AIDS in South Africa : A Dark Cloud on the Horizon*, Johannesburg, ING Barings, 2000.

MARKINOR. *Tabular Results for Government Performance Barometer*, rapport préparé par Markinor, Johannesburg/Le Cap, 2004 et 2005.

MARKINOR. *Tabular Results for Project Red Bow – South Africa*, rapport préparé par Markinor, Johannesburg/Le Cap, 2001.

MARKINOR. *Tabular Results for Project Red Bow – Uganda*, rapport préparé par Markinor, Johannesburg/Le Cap, 2001.

MARKINOR. *Qualitative Report on Project Red Bow*, rapport préparé par Markinor, Johannesburg/Le Cap, 2000.

ONUSIDA. *AIDS Epidemic Update : December 2000*, Genève, ONUSIDA, 2000.

NATIONS UNIES. *The Demographic Impact of HIV/AIDS*, New York, Nations unies, 1998.

VAN AARDT, C. J. *A Projection of the South African Population, 2001 to 2021*, Pretoria, BMR, Unisa, 2004.

VAN AARDT, C. J. et M. HARRIS. « HIV/AIDS : The Heart of the Beast and Its Prey », B. Bowes, G. Lundy et S. Pennington (dic.), *South Africa 2014 : The Story of Our Future*, Johannesburg, Projet « South Africa – The Good News », 2004.

À propos de l'auteure

Mari Harris
Markinor, Afrique du Sud
marih@markinor.co.za

Mari Harris est directrice générale et analyste politique chez Markinor, la plus importante maison de sondage indépendante d'Afrique du Sud.

Mme Harris est titulaire d'un baccalauréat en communication et d'une maîtrise en politique internationale de l'Université de Potchefstroom. Elle a suivi le programme d'été en relations internationales de l'Université de Kiel (Allemagne) ainsi que le cours de gestion du marketing à l'Université de Witwatersrand.

Elle a occupé un poste de chercheuse à l'Institut des études politiques et africaines de l'Université de Potchefstroom pendant quatre ans avant d'entrer, en avril 1986, au service de Strategic Concepts, un groupe-conseil spécialisé dans les questions socioéconomiques et politiques. En janvier 1989, elle faisait ses débuts chez Markinor, à titre de chercheuse principale, puis a été successivement promue aux postes de directrice de compte et de directrice générale.

Mme Harris est membre de SAMRA (Southern African Marketing Research Association), d'ESOMAR (World Association of Research Professionals), d'IPSA (International Political Science Association) et de WAPOR (World Association for Public Opinion Research).

Régulièrement invitée à donner des conférences sur les scènes nationales et internationale, elle a participé à de nombreuses émissions de radio et de télévision, et publie abondamment.

CHAPITRE 9

L'opinion publique : la nouvelle superpuissance mondiale

Jean-Marc Léger
Léger Marketing, Canada

Le monde change. La destinée, la richesse et la sécurité de la population se déterminent de moins en moins à l'échelle nationale, de plus en plus à l'échelle mondiale. Or, la mondialisation n'élimine pas les difficultés, les inégalités ou les conflits – elle ne fait que les globaliser.

La planète compte maintenant près de 200 pays, quelque 7 000 langues et plus de 6 milliards d'humains. Vivant dans une société de plus en plus vieille, de plus en plus rapide, de plus en plus consommatrice et de plus en plus unique, ces citoyens sont devenus plus expérimentés, plus stressés, plus endettés et ont développé une perspective plus globale.

Plus de 60 % des pays préfèrent la démocratie au totalitarisme. Un tel mouvement favorise l'expression de l'opinion publique. C'est en effet à l'intérieur des régimes démocratiques qu'on peut véritablement questionner, mesurer, comprendre et intégrer la volonté du peuple.

Grâce aux formidables instruments démocratiques que sont les sondages, nous pouvons savoir ce que pense la population mondiale des nouveaux enjeux émergents : pauvreté, terrorisme, chômage, maladie, environnement, crimes financiers, influence de la religion et immigration.

Mené auprès de 53 749 habitants de 68 pays répartis sur 5 continents, le sondage *Voice of the People 2005* de la Gallup International Association portait justement sur ces questions. Ses résultats nous ont permis de constater que les clivages simplistes entre riches et pauvres, jeunes et vieux, juifs et musulmans, Noirs et Blancs ou même Nord et Sud ne suffisent plus à expliquer le monde.

Cette vaste et unique enquête nous a également révélé que les peuples de toutes les régions du monde partagent des préoccupations semblables. D'emblée, les citoyens exhortent les dirigeants à réduire l'écart économique entre riches et pauvres, ce qui aurait pour effet de diminuer les tensions sociales et la menace terroriste. Ce désir se traduit par une volonté, celle de vivre dans un monde où règne la sécurité tant physique qu'économique.

Les attaques du 11 septembre 2001 ont changé le monde. La menace de guerre est devenue constante, la pression sur les groupes religieux – qu'ils soient extrémistes ou non – s'accentue un peu plus chaque jour et l'intérêt pour les différentes confessions s'accroît sans cesse. On se rend compte que les conflits religieux sont au cœur des plus importants problèmes planétaires.

Actuellement, il existe principalement trois grands groupes religieux : les chrétiens, qui comptent plus de deux milliards de personnes concentrées en Amérique, en Europe et en Afrique subsaharienne ; les musulmans, qui comptent plus de un milliard de personnes concentrées au Moyen-Orient, en Afrique du Nord et en Indonésie ; et un troisième groupe, qui réunit les Asiatiques de toutes confessions (hindouisme, bouddhisme, etc.). Le sondage démontre une sous-réalité qui émerge : d'un côté, les sociétés riches et de plus en plus sécularisées, et de l'autre, des sociétés pauvres, souvent insuffisamment nourries, malades et très religieuses. Les continents les plus pauvres, l'Afrique et l'Amérique latine, sont les régions les plus religieuses, alors que les pays les plus riches de l'Europe et d'Asie sont les plus laïques. Loin de se clarifier, les enjeux se complexifient.

Par ailleurs, les relations internationales s'intensifient. Les frontières physiques ne sont plus de véritables limites. Vivant de plus en plus à l'ère de la société virtuelle, les gens s'échangent facilement de l'information, de l'expertise, des systèmes de valeurs, de l'argent et des produits et services. Internet et les produits du développement technologique ne font que faciliter ce processus. On compte désormais annuellement plus de 1 500 milliards d'opérations de change, et les exportations de biens et de services s'élèvent à 7 000 milliards de dollars par an.

Les gens se déplacent de plus en plus – que ce soit par mer, terre ou air. Ces mouvements migratoires soulèvent d'ailleurs de nombreuses questions dans différentes régions. Si l'immigration est bien accueillie dans la plupart des pays développés dont les taux de natalité sont en baisse, ailleurs, elle est souvent vue comme un facteur de déstabilisation. À l'échelle planétaire, l'opinion se divise entre ces deux extrêmes. Quoi qu'il en soit, les déplacements sont au cœur de la mondialisation – tant économique que culturelle. Des liens se tissent, des pays s'intègrent et des gens se rapprochent.

Dans un tel contexte, l'opinion publique peut s'exprimer plus clairement, plus fortement, et même ébranler le pouvoir établi. Elle a joué un rôle considérable dans plusieurs révolutions, qu'elles soient de velours ou orange. Grâce à elle, en effet, plusieurs régimes d'Europe de l'Est sont tombés, l'Union soviétique s'est fragmentée, des sociétés africaines se sont transformées. Les dirigeants chinois et indiens ne peuvent plus l'ignorer et, ce faisant, sont appelés à s'ouvrir au monde. Seuls quelques pays implacables tels que la Corée du Nord ou certains régimes militaires en Afrique y résistent encore. Mais demain, l'opinion publique secouera d'autres gouvernements. Déjà, par l'entremise du sondage *Voice of the People,* elle permet la critique de régimes au Pérou, en Croatie, en Inde, en Allemagne et au Nigeria. Plus personne ne peut ignorer la pression populaire.

Un nouveau monde aux valeurs différentes émerge. Les Africains sont plus nombreux que les Occidentaux à croire que leurs dirigeants agissent selon la volonté du peuple. Les Turcs sont plus satisfaits de leur gouvernement que les Italiens, les Allemands, les Britanniques ou les Français. Les Sénégalais, les Sud-Africains, les Indonésiens et les Panaméens ont davantage confiance en la liberté de leur processus électoral que les Américains. Qui est en mesure de donner des leçons de démocratie ?

Aux XXe siècle, les États-Unis sont devenus la première puissance mondiale et dominent aujourd'hui le monde avec 18 % des investissements, 31 % du PNB et plus de la moitié de la capitalisation boursière. Cette superpuissance représente pourtant moins de 5 % de la population mondiale. S'il existe d'autres géants, tels que la Russie, la Chine et l'Inde, ils ne disposent pas des moyens suffisants pour régner au-delà de leurs régions respectives. Seuls les États-Unis peuvent se vanter d'être une superpuissance mondiale.

Mais dorénavant, les États-Unis font face à une autre superpuissance mondiale : l'opinion publique. Les gens de partout dans le monde peuvent s'exprimer et se manifester plus ouvertement et librement. La population a conscience de la force du nombre. Les dirigeants des pays doivent composer avec cette réalité, qui change la donne. Bientôt, même les États-Unis ne pourront plus imposer leur volonté. Ils devront être davantage à l'écoute des désirs et des aspirations des êtres humains. Faire connaître ces désirs et ces aspirations, c'est le rôle que la Gallup International Association s'est donné.

À propos de l'auteur

Jean-Marc Léger
Léger Marketing, Canada
jmleger@legermarketing.com

Économiste de formation, Jean-Marc Léger est président fondateur de la maison de sondage Léger Marketing. Créée en 1986, cette société est devenue la plus importante firme de recherche à propriété exclusivement canadienne au pays. Elle compte 650 employés répartis dans 7 bureaux au Canada et aux États-Unis, et est associée à une société de recherche de Casablanca, au Maroc.

M. Léger a présidé le conseil d'administration de l'Université du Québec à Montréal (UQAM), la deuxième plus grande université canadienne, et siège au bureau des Gouverneurs du Conseil du patronat ainsi qu'à de nombreux conseils d'administration. Il est membre des comités de la Chaire Raoul-Dandurand en études stratégiques et diplomatiques de l'UQAM et de la Chaire d'études politiques et économiques américaines de l'Université de Montréal.

M. Léger a récemment été nommé administrateur au conseil d'administration de la Gallup International Association. Cette prestigieuse organisation compte près de 60 membres qui offrent des services de sondage dans une centaine de pays. M. Léger dirige l'édition 2006 de l'ouvrage *Voice of the People* de la GIA.

CHAPITRE 10

Les origines
de la Gallup International Association

Meril James
Gallup International Association

Le droit de s'exprimer haut et fort sur les politiques du gouvernement et de l'entreprise privée est l'une des libertés que le monde occidental défend avec beaucoup de vigueur. L'avènement des sondages d'opinion modernes qui, comme on le sait, s'intéressent aux grands enjeux politiques, sociaux et économiques de l'heure, sont l'occasion de faire connaître aux administrations gouvernementales, aux institutions publiques et privées ainsi qu'au public lui-même l'opinion des gens face à ces enjeux.

Or, le fait que toute démocratie importante dans le monde abrite aujourd'hui une maison de sondage sur l'opinion publique, sinon plusieurs, montre bien la pertinence de ce mode d'expression publique.

– Dr George H. Gallup
Février 1981

En 1947, à la réunion inaugurale de la Gallup International Association (à l'origine l'International Association of Public Opinion Institutes) qui se tenait à Loxwood, au Royaume-Uni, le Dr George H. Gallup et ses collègues fondateurs de la future Gallup International Association (GIA) décidèrent de mettre en commun leur compétence ainsi que les ressources de leurs instituts respectifs établis dans divers pays pour réaliser des sondages d'opinion à l'échelle internationale. Ces sondages, très importants à leurs yeux, faisaient partie intégrante de la démocratie puisqu'ils portaient à la connaissance des leaders mondiaux les opinions des gens gouvernés par eux. Élu premier président du groupe, le Dr George H. Gallup a occupé cette fonction jusqu'à son décès, en 1984.

Établie à Zurich, en Suisse, sous le statut d'association, la GIA est le plus important réseau de sondeurs du monde. Forte d'une soixantaine de membres, elle possède des capacités de recherche dans une centaine de pays.

Depuis bientôt 60 ans, les membres de la GIA se penchent avec une compétence reconnue sur les problèmes de la recherche internationale comparative (c'est-à-dire, qui se prête à des comparaisons adéquates entre pays). Avec un seul institut membre par pays, ils bénéficient de contacts étendus et fréquents avec les autres membres et les clients internationaux. Pourtant, chaque institut conserve son identité nationale et possède une connaissance locale approfondie de la langue, des sources statistiques, des coutumes et des différences culturelles propres à son pays. Cette excellence tant locale qu'internationale fait de la GIA la maison de sondage internationale la mieux connue dans le monde.

Ensemble, les membres de l'Association possèdent un savoir-faire inégalé et comptent dans leurs rangs des spécialistes de réputation internationale en sondages, en études publicitaires et en études de marché. Ils sont à la fine pointe des développements techniques et méthodologiques dont les répercussions touchent non seulement le domaine de la recherche, mais l'ensemble du monde commercial.

Faire entendre l'opinion du monde a toujours été au cœur de la mission de la GIA, pour qui les sondages d'opinion sont une composante essentielle de la démocratie. Perpétuant la tradition des fondateurs, Gallup International Association a toujours mis en œuvre des projets qui, croit-elle, contribuent au plus grand bien de l'humanité.

Par exemple, dans les années 50, elle a sondé l'opinion de la population sur les institutions nouvellement fondées, notamment les Nations unies, l'OTAN et la CEE; dans les années 70, en collaboration avec la Fondation Kettering, elle a enquêté sur le bonheur des gens, une première mondiale; dans les années 80, elle a réalisé des sondages portant, entre autres, sur le VIH/sida et sur l'état de santé de la planète.

Le sondage du Millénaire, réalisé par la GIA à la fin de 1999 dans 61 pays (plus de 57 000 interviews), représentait l'opinion de 1,25 milliard de citoyens du monde. L'enquête s'intéressait à une variété de sujets d'intérêt mondial, dont l'environnement, le rôle des Nations unies, les enjeux de la démocratie et de la gouvernance, le crime et, enfin, les droits de la personne. Kofi Annan, secrétaire général des Nations unies, en a fait mention dans son discours du Millénaire, prononcé devant l'Assemblée des Nations unies.

S'inscrivant dans la tradition de la GIA, le sondage *Voice of the People* donne aux citoyens du monde la possibilité d'exprimer leurs opinions sur des enjeux qui les touchent de près. Réalisé annuellement dans plus de 68 pays et représentatif des opinions de quelque 1,3 milliard de citoyens, le sondage est désormais un moyen efficace et sans précédent de prendre le pouls de la planète. Les ONG, la grande entreprise et les politiciens le tiennent en haute estime, et les décideurs d'aujourd'hui y trouvent une information indispensable. C'est d'ailleurs pour cette raison que les participants du Forum économique mondial discutent régulièrement des résultats du sondage à l'occasion de leur réunion annuelle, à Davos, en Suisse.

La GIA est fière de son histoire – bon nombre des sociétés fondatrices en sont encore membres – et reconnaît aujourd'hui, sans doute plus que jamais, l'immense besoin d'écouter et de comprendre les citoyens du monde, de porter leurs voix jusqu'à ceux qui les gouvernent.

À propos de l'auteure

Meril James
Gallup International Association, Royaume-Uni
GallupInternational@btconnect.com

Dans les années 70, Meril James commençait sa carrière en recherche au sein de Gallup International Association, au Royaume-Uni. Quelques années plus tard, elle quittait l'institut pour occuper le poste de directrice générale d'Audience Selection, une société de recherche téléphonique avant-gardiste. En 1993, elle était de retour chez Gallup International Association, dans la fonction de secrétaire générale. Elle assume désormais la coordination du sondage *Voice of the People*.

Mme James est responsable des activités de recherche de plusieurs clients, notamment l'Organisation mondiale de la santé, Transparency International, Amnistie internationale, le Comité international de la Croix-Rouge ainsi que d'autres ONG. Elle assure actuellement la liaison avec le Forum économique mondial et a déjà été agente de liaison auprès du bureau du secrétaire général de l'ONU.

Ancienne professeure invitée dans le cadre du programme de MBA de la Middlesex University Business School, Mme James est membre du comité consultatif professionnel de l'Université de Bournemouth (programmes de publicité et de communications commerciales). En 2001, la Bournemouth Media School de cette même université la nommait conférencière invitée.

Bien connue et respectée dans les cercles anglais et européen de la recherche, Mme James est souvent invitée à donner des conférences et des cours ; elle a présidé plusieurs comités et publié de nombreux articles destinés aux associations professionnelles de la recherche.

CHAPITRE 11

La méthodologie du sondage
Voice of the People

Meril James
Gallup International Association

Dans le cadre du sondage *Voice of the People* de la Gallup International Association (GIA), une enquête unique en son genre, 53 749 personnes ont été interviewées dans 68 pays; il s'agit d'un échantillon représentatif des opinions de quelque 1,3 milliard de citoyens du monde.

Le travail sur le terrain s'est effectué de mai à juillet 2005, conformément aux normes élevées de la GIA, et ce, malgré des conditions parfois difficiles en raison de contraintes politiques, économiques et sociales dans certains pays.

Le tableau 1 donne la liste des pays participants ainsi que le nombre d'interviews réalisées dans chacun. Comme on le constate, la taille des échantillons varie mais, en règle générale, chaque pays compte plus de 500 répondants. Le même questionnaire a été utilisé dans tous les pays, mais dans certains, des questions ont été éliminées pour des raisons d'ordre juridique.

Tableau 1

Les pays et les organismes participants au sondage *Voice of the People 2005*

Méthode d'enquête, taille de l'échantillon et période d'enquête

Pays	Contact	Adresse électronique	Société	Méthode	Type d'échantillon	Taille	Période d'enquête
Afrique du Sud	Mari Harris	marih@markinor.co.za	Markinor	Face à face	Urbain	2 000	Du 9 juin au 4 juillet
Allemagne	Johannes Huxoll	johannes.huxoll@tns-emnid.com	TNS Emnid	Téléphone	National	500	Du 21 au 29 juin
Argentine	Ricardo Hermelo, Constanza Cilley	ricardo.hermello@tns-gallup.com.ar constanza.cilley@tns-gallup.com.ar	TNS Gallup Argentine	Face à face	National	1 000	4e semaine de mai
Autriche	Roswitha Hasslinger	r.hasslinger@gallup.at	Gallup Autriche	Face à face	National	668	Du 31 mai au 16 juin
Bolivie	Luis Alberto Quiroga	proyectos@encuestas-estudios.com	Encuestas & Estudios	Face à face	Urbain	519	Du 10 au 25 juin
Bosnie-Herzégovine	Aida Hadziavdic-Begovic	aida.hadziavdic@mib.ba	Mareco Index Bosnie	Téléphone	National	500	Du 6 au 10 juin
Bulgarie	Antón Valkovski	a.valkovski@bbss-gallup.com	TNS BBSS	Face à face	National	1 024	Du 5 au 12 juillet
Cameroun	Simplice Ngampou	sngampou@rms-africa.com	RMS Cameroun	Face à face	Villes principales	500	Du 4 au 6 juin
Canada	Anne-Marie Marois	ammarois@legermarketing.com	Léger Marketing	Téléphone	National	1 001	Du 6 au 15 juin
Colombie	Carlos Lemoine	clemoine@cnccol.com	Centro Nacional de Consultoria	Face à face et téléphone	Urbain	500	Du 8 au 13 juillet
Corée	Hwanhee Lee	hhlee@gallup.co.kr	Gallup Corée	Face à face	National	1 515	Du 20 mai au 3 juin
Costa Rica	Hugo Mendieta	hmendieta@apinvestigacion.com	API Sigma Dos*	Téléphone	Urbain	500	Du 23 mai au 2 juin
Croatie	Dragan Bagic, Mirna Cvitan	drgan.bagic@puls.hr mirna.cvitan@puls.hr	Puls	Téléphone	National	600	Du 1er au 20 juin
Danemark	Claus Bo Hansen	claus.bo.hansen@tns-gallup.dk	TNS Gallup Danemark	Téléphone	National	500	Du 8 au 16 juin
Égypte	Laila Guindy	rrpr@link.net	RADA Research	Face à face	Urbain	500	Du 7 au 15 juillet
Équateur	Carlos A. Cordova, Tatiana Salan	carlos.cordova@cedatos.com tatiana.salan@cedatos.com	Cedatos	Face à face	Villes principales	500	Du 27 juin au 1er juillet
Espagne	Rosa Doncel	rosad@sigmados.com	Sigma Dos International	Face à face	National	500	Du 25 juillet au 2 août
États-Unis	Jane Cutler	jane.cutler@tns-global.com	TNS Intersearch	Téléphone	National	504	Du 29 juin au 3 juillet
Éthiopie	Margit Cleveland	mcleveland@rms-africa.com	Research & Marketing Services*	Face à face	Capitale	510	Du 15 au 21 juin
Finlande	Sahari Nurmela	sahari.nurmela@tns-gallup.com	TNS Gallup Finlande	Téléphone et télépanel	National	1 289	Du 17 au 22 juin
France	Guillaume Rainsard	guillaume.rainsard@tns-sofres.com	TNS France	Face à face	National	1 003	Les 21 et 22 juin
Géorgie	Merab Pachulia	Mpachulia@orbi.com	GORBI	Téléphone	Capitale	500	Du 15 au 21 août
Ghana	Steve Ayo Amale	amale@rms-africa.com	Research & Marketing Services*	Face à face	Urbain	1 005	Du 10 au 18 juin
Grèce	Ero Papadopoulou	ero.papadopoulou@tnsicap.gr	TNS ICAP	Téléphone	National	500	Du 2 au 15 juin
Guatemala	Jorge Fernández	multivexsa@intelnett.com	Multivex Sigma Dos Guatemala*	Face à face	Urbain	500	Du 18 au 20 juin
Hong-Kong	Ellen Tops	ellen.tops@tns-global.com	TNS Hong-Kong	Téléphone	National	500	Du 10 au 19 juin
Inde	Sharmistha Das	sharmistha.das@tns-global.com	TNS Inde	Face à face	National	1 063	Du 1er au 9 juin
Indonésie	Daniel Lindgren	daniel.lindgren@tns-global.com	TNS Indonésie	Face à face	Villes principales	500	Du 21 au 27 juillet
Irlande	Patricia Kelly	patricia.kelly@imsl.ie	Millward Brown IMS	Téléphone	National	500	Du 18 mai au 2 juin
Islande	Ásdís G. Ragnarsdóttir	asdisg@gallup.is	IMG Gallup	Téléphone	National	1 200	Du 29 juin au 26 juillet
Israël	Tamar Fuchs	tamar.fuchs@tns-teleseker.com	TNS Teleseker	Téléphone	National	501	Les 29 et 30 juin
Italie	Paolo Colombo	paolo.colombo@doxa.it	Doxa Italie	Téléphone	National	502	Du 28 juillet au 1er août
Japon	Kiyoshi Nishimura	xisimura@nrc.co.jp	Nippon Research Center	Questionnaire rempli de façon autonome	National	1 212	Du 2 au 13 juin
Kenya	Maggie Ireri	maggie@steadman-group.com	Steadman Research Services International	Face à face	National	2 219	Du 1er au 9 juillet

Pays	Contact	Adresse électronique	Société	Méthode	Type d'échantillon	Taille	Période d'enquête
Kosovo	Assen Blagoev	a.blagoev@gallup-bbss.com	BBSS Index Kosovo*	Face à face	Albanais et sous-population	1 023	Du 26 mai au 1er juin
Lituanie	Dainius Derkintis	mindaugas.degutis@tns-global.com dainius.derkintis@tns-global.com	TNS Gallup	Face à face	National	511	Du 21 au 30 juin
Luxembourg	Marc Thiltgen	marc.thiltgen@ilres.com	Ilres	Téléphone	National	582	Du 24 juin au 3 juillet
Macédoine	Elida Medarovska	e.medarovska@brima-gallup.com.mk	Brima	Face à face	National	1 008	Du 17 au 24 juin
Malaisie	Hafeez Amin	hafeez.amin@tns-global.com	TNS Malaisie	Face à face et téléphone	Urbain	1 250	Du 30 mai au 26 juin
Mexique	Ramón Chaídez	ramon.chaidez@tns-gallup.com.mx	TNS Gallup Mexique	Face à face	Urbain	700	Du 24 au 29 juin
Moldavie	Igor Munteanu, Ion Jigau	cbs_axa@yahoo.com	CBS Axa	Face à face	National	509	Du 24 au 28 juin
Nicaragua	Hugo Mendieta	hmendieta@apinvestigacion.com	API Sigma Dos*	Face à face	Urbain	500	Du 23 mai au 2 juin
Nigeria	Pradiptra Mitra	pkmitra@rms-africa.com	Research & Marketing Services Limited	Face à face	Villes principales	500	Du 11 au 20 juin
Norvège	Ole Fredrik Ugland	olefredrik.ugland@tns-gallup.no	TNS Gallup Norvège	Web	National	510	Du 1er au 16 juin
Pays-Bas	Hanneke Sjerps, Wiene Klasema	hanneke.sjerps@tns-nipo.com wiene.klasema@tns-nipo.com	TNS NIPO	Face à face	National	549	Du 9 au 21 juin
Pakistan	Ijaz Shafi Gillani	isb@gallup.com.pk	Gallup Pakistan	Face à face	Urbain	843	Du 1er au 20 juin
Panama	Humberto Gonzalez Max del Cid	psicomer@pty.com psmcorreo@cwpanama.net	PSM Sigma Dos Panama*	Téléphone	Villes principales	500	Du 6 au 14 juin
Paraguay	Marlene Heinrich	cam@pla.net.py	CAM Research*	Face à face	Villes principales	500	Du 1er au 25 juin
Pérou	Gustavo Yrala	gyrala@datum.com.pe	Datum Internacional	Face à face	National	1 112	Du 11 au 20 juin
Philippines	Angel Almojuela	angel.almojuela@asiaresearch.com.ph	Asia Research Organization	Téléphone	National	1 000	Du 30 mai au 19 juin
Pologne	Marek Fudala	marek.fudala@mareco.pl	Mareco Polska	Face à face	National	908	Du 14 au 24 juin
Portugal	Sonia Antunes	sonia.antunes@tns-global.com	TNS Euroteste	Téléphone	National	520	Du 22 au 28 juin
République dominicaine	Leonard Kemp	sigmados@verizon.net.do	Sigma Dos République dominicaine*	Face à face	Urbain	806	Du 12 au 16 juillet
République tchèque	Jan Trojacek	trojacek@mareco.cz	Mareco	Face à face	National	500	Du 14 au 27 juin
Roumanie	Andrei Musetescu	andrei.musetescu@tns-global.com	Csop	Face à face	National	1 058	Du 27 mai au 5 juin
Royaume-Uni	Emma Phillips	emma.phillips@tns-global.com	TNS R.-U.	Téléphone	National	1 031	Du 3 au 5 juin
Russie	Victor Pratusevich	pratusevich.V@rmh.ru	ROMIR	Face à face	National	1 006	Du 18 au 24 mai
Sénégal	Erckman Togna	etogna@rms-africa.	RMS-Sénégal*	Face à face	Urbain	508	Du 20 au 23 juin
Serbie	Sladjana Brakus	sladja@mediumindex.co.yu	TNS Medium Gallup	Face à face	National	1 004	Du 26 mai au 1er juin
Singapour	Petra Curbach	petra.curbach@tns-global.com	TNS Singapour	Téléphone	National	502	Du 4 au 17 juillet
Suisse	Matthias Keppeler	matthias.keppeler@isopublic.ch	ISOPUBLIC	Téléphone	National	500	Du 1er au 4 juin
Taiwan	Kevin Meyer	kevinmeyer@ort.com.tw	Opinion Research Taiwan	Téléphone	National	500	Du 16 au 20 juin
Thaïlande	Kulchat Wuttigate	kulchat.wuttigate@tns-global.com	TNS Thaïlande	Téléphone	Urbain	1 000	Du 19 au 31 juillet
Togo	Aggrey Maposa	amaposa@rms-africa.com	Research & Marketing Services*	Face à face	Villes principales	488	Les 28 et 29 juin
Turquie	Bengi Özboyacı	bengi.ozboyaci@tns-global.com	TNS Piar	Face à face	National	2 036	Du 9 juin au 1er juillet
Ukraine	Alla Vlasyuk	alla.vlasyuk@tns-global.com.ua.	TNS Ukraine	Face à face	National	1 200	Du 1er au 7 juin
Uruguay	José Luis Soto	marketing@adinet.com.uy	Sigma Dos Uruguay	Téléphone	Villes principales	537	Du 30 mai au 24 juin
Venezuela	Romel Romero	romel@sigmados-international.com	Sigma Dos Venezuela	Face à face	Villes principales	500	Du 9 au 24 juin
Vietnam	Nguyet Pham	nguyet.pham@tns-global.com	TNS Vietnam	Face à face	Urbain	1 290	Du 15 au 25 juin

* Ces organismes ne sont pas membres de la GIA; toutefois, ce sont des maisons fiables avec lesquelles la GIA a collaboré.

191

La méthode d'enquête – face à face ou par téléphone – a également varié selon les pays : il serait peu réaliste de vouloir imposer une approche méthodologique stricte dans une enquête aussi vaste, qui regroupe des pays fort différents où les normes culturelles, par exemple la présence d'un appareil téléphonique dans chaque demeure, varient grandement. Dès lors, nous avons conseillé à nos membres d'utiliser leur méthodologie «habituelle» – et de s'assurer, évidemment, que la méthode soit suffisamment solide pour résister à un examen statistique rigoureux.

De même, dans la plupart des pays, l'échantillon est représentatif de la population, mais dans certains cas, cela n'a pas été possible, et nous avons dû sélectionner un échantillon plus restreint, par exemple en excluant les zones rurales pour ne retenir que les régions métropolitaines.

La pondération

Au sein de chaque pays, la maison de sondage responsable a fait tout en son pouvoir pour prélever un échantillon représentatif, mais la présence de certains déséquilibres mineurs est normale. Donc, pour corriger ceux-ci, nous avons pondéré chaque échantillon en fonction des caractéristiques démographiques déterminantes (âge, sexe, langue, groupe ethnique et région selon les pays).

Les échantillons ont ensuite été soumis à une seconde pondération, qui vise à refléter la population totale qu'ils représentent. Ce faisant, on s'est assuré que l'échantillon mondial accorde un poids proportionnel à l'échantillon de chaque pays ; autrement dit, les réponses des petits pays ne devaient pas exercer une influence trop marquée sur l'ensemble des résultats et les réponses des grands pays devaient recevoir l'importance voulue.

Au bout du compte, les données finales de l'enquête – exhaustives, cohérentes et pondérées – sont censées exprimer l'opinion du monde.

Meril James
Le 29 novembre 2005